저는 해외주식투자가 처음인데요

초판 1쇄 발행 2022년 4월 11일

지은이 강병욱
펴낸이 조기흠

기획이사 이홍 / **책임편집** 유소영 / **기획편집** 정선영, 임지선, 박단비, 전세정
마케팅 정재훈, 박태규, 김선영, 홍태형, 배태욱, 임은희 / **제작** 박성우, 김정우
교정 이경민 / **디자인** 표지 김종민 본문 박정현 / **일러스트** 김영진
펴낸곳 한빛비즈(주) / **주소** 서울시 서대문구 연희로2길 62 한빛비즈(주) 4층
전화 02-325-5506 / **팩스** 02-326-1566
등록 2008년 1월 14일 / 제25100-2017-000062호

ISBN 979-11-5784-566-8 13320

이 책에 대한 의견이나 오탈자 및 잘못된 내용에 대한 수정 정보는 한빛비즈의 홈페이지나
이메일(hanbitbiz@hanbit.co.kr)로 알려주십시오. 잘못된 책은 구입하신 서점에서 교환해드립니다.
책값은 뒤표지에 표시되어 있습니다.

hanbitbiz.com   facebook.com/hanbitbiz   post.naver.com/hanbit_biz
youtube.com/한빛비즈   instagram.com/hanbitbiz

Published by Hanbit Biz, Inc. Printed in Korea
Copyright © 2022 강병욱 & Hanbit Biz, Inc.
이 책의 저작권은 강병욱과 한빛비즈(주)에 있습니다.
저작권법에 의해 보호를 받는 저작물이므로 무단 복제 및 무단 전재를 금합니다.

지금 하지 않으면 할 수 없는 일이 있습니다.
책으로 펴내고 싶은 아이디어나 원고를 메일(hanbitbiz@hanbit.co.kr)로 보내주세요.
한빛비즈(주)는 여러분의 소중한 경험과 지식을 기다리고 있습니다.

글로벌한 생초보의 해외주식투자 입문기

저는 해외 주식투자가 처음인데요

BULL MARKET

강병욱 지음

한빛비즈

머리말

코로나19 팬데믹 이후 국내에서는 '동학개미운동', 미국에서는 '서학개미운동', 중국에서는 '중학개미운동'이 벌어졌습니다. 이제 개인투자자가 해외주식투자를 하는 것은 더 이상 특별한 일이 아닌 일상이 되었습니다. 2021년 한 해 동안 해외주식 결제금액은 3,984억 7,000만 달러로 2020년 1,983억 2,230만 달러 대비 100.9%나 급증했습니다.

특히 미국시장에 상장된 기업 중 우리나라 투자자가 가장 많이 매수한 종목은 대체로 테슬라, 애플, 아마존, 엔비디아, 마이크로소프트 순으로 이 종목들은 이제 국내에 상장된 기업만큼이나 친숙한 종목이 되었습니다.

해외투자는 우리나라 주식만 투자하는 것보다 자산관리를 다양화할 수 있는 글로벌 포트폴리오 구성, 우리나라에는 없는 제품을 취급하는 기업에 투자할 수 있는 기회의 포착, 각 나라별로 서로 다른 성장기업에 투자할 수 있는 투자기회의 확대 등 많은 장점을 가지고 있습니다.

그러나 모든 투자가 그러하듯이 장점에 가려진 위험도 정확히 파악해야 성공적인 해외투자가 가능합니다. 해외주식투자에서 가장 큰 위험은 바로 정보비대칭 현상입니다. 정보비대칭은 정확한 정보를 가진 사람과 그렇지 못한 사람 간에 나타나는 정보격

차를 말하는데 아무래도 언어의 장벽, 그리고 인터넷시대라고 해도 어쩔 수 없이 생기는 지리적 격차 등으로 발생합니다. 또한 시장 간 매매제도의 차이도 잘 숙지해야 제대로 된 매매를 할 수 있지요.

무엇보다 국경을 넘어 투자가 이루어지므로 환율변동이라는 변수가 무시할 수 없는 위험이 됩니다. 주식투자로 수익을 냈다고 해도 환율이 불리하게 움직이면 오히려 손실이 발생할 수 있는 위험이 존재하므로 이를 어떻게 관리할 것인지도 알아야 제대로 된 해외주식투자가 되는 겁니다.

국내주식투자는 어려움 없이 하지만, 해외주식투자를 선뜻 하기 어려운 투자자들을 위해 《저는 해외주식투자가 처음인데요》를 출간합니다. 이 책은 해외시장에 대한 설명과 국제금융시장에서 자금의 흐름, 그리고 국제사회에서 힘의 논리가 주식시장에 어떤 영향을 미치는지를 이해하기 쉽게 설명합니다. 또한 해외주식투자를 하기 위한 도구로 HTS와 MTS의 사용방법도 안내합니다.

주식투자에서 국내주식투자와 해외주식투자는 다르지 않습니다. 주식투자의 기본은 기업의 본질가치를 따라 그 가치보다 저평가된 주식을 선정하든가, 앞으로 기업가치가 극적으로 커질 수 있는 종목을 선택해서 투자하는 것입니다. 다만 내가 선택할 기업이 해외에 있다는 것이 다른 점이 될 겁니다.

글로벌화한 시대에 국내시장과 해외시장을 구분할 이유는 없습니다. 모든 투자자가 해외주식투자를 보다 쉽게 접근하는 안내서가 되기를 희망하는 마음으로 책을 출간합니다. 모쪼록 이 책을 만나는 모든 투자자 여러분이 성공투자에 이르시길 진심으로 기원합니다.

저자 경영학박사 강병욱

차례

머리말 ·· 004

01 해외주식투자 기초 이해하기

1. 해외주식투자는 무엇인가 ·· 016
1) 해외주식투자란, 우리나라 이외의 주식시장에 투자하는 것 ················ 016
2) 해외 주요 주식시장 소개 ·· 017

2. 해외주식투자의 필요성 ·· 029
1) 새로운 투자기회 포착: 우리나라에는 없는 사업을 하는 기업을 찾는다 ············ 029
2) 글로벌 포트폴리오 구성: 국가 간에도 포트폴리오 구성이 필요하다 ············ 030
3) 글로벌 트렌드의 이해: 새로운 사업기회는 주식시장에서 포착된다 ············ 031

3. 해외주식투자의 위험성 ·· 032
1) 주식투자의 적: 정보비대칭 ·· 032
2) 국경을 넘으면 위험하다: 환율 위험과 환헤지의 필요성 ··············· 036

02 해외주식투자 시작하기

1. 해외주식투자 계좌 만들기 ··· 042
   1) 해외주식투자 사전 준비 ··· 042
   2) 비대면으로 해외주식 계좌 만들기 ·· 044
   3) 은행 방문으로 계좌개설하기 ·· 046
   4) 주식 연결계좌 개설하기 ··· 046

2. 해외주식 HTS & MTS 시작하기 ··· 049
   1) 해외주식투자 전용 HTS & MTS 내려받기 ······························ 049
   2) HTS 주요 기능 소개 및 화면 만들기 ······································ 052
   3) MTS 사용하기 ··· 062

03 실전! 미국주식투자

1. 미국의 경제구조 살펴보기 ··· 070
   1) 글로벌 소비왕국 ·· 070
   2) 스타트업기업의 천국 ··· 071
   3) 세계 최고의 기업 ··· 073
   4) 기축통화국의 위엄과 주식시장 동향 ···································· 075
   5) 미국시장에서 꼭 살펴봐야 하는 경제지표 ······························ 077

2. 미국주식시장의 구성 ·· 083
   1) 장내시장 ··· 083
   2) 장외시장 ··· 083

3. 미국의 주요 지수 ·· 085
   1) 다우지수 ··· 085
   2) 나스닥지수 ·· 086

3) S&P500지수 · 087
   4) 러셀지수 · 087

4. 미국주식시장 주문하기 · 089
   1) 환율/환전 · 089
   2) 매매 방법 · 092
   3) 미국주식시장의 세금제도 · 095

5. 미국ETF도 중요한 투자 대상 · 097
   1) ETF란 · 097
   2) ETF의 장점 · 097
   3) ETF투자전략 · 098
   4) 미국의 대표 ETF 소개 · 099

6. 미국 배당주 투자 · 101
   1) 배당투자가 중요한 이유 · 101
   2) 미국주식의 배당투자 · 102
   3) 배당과 관련된 정보 찾기 · 103

7. 미국시장 투자정보 활용법 · 106
   1) 미국주식 관련 주요 사이트 · 106
   2) 종목 정보 확인(야후파이낸스 이용 방법) · · · · · · · · · · · · · · · · · · 107
   3) 배당 내역 확인 · 109
   4) 재무제표 확인 방법 · 110
   5) 주요 경제지표 및 기업실적 발표 보는 법 · · · · · · · · · · · · · · · · · · 110
   6) 거래소 사이트 활용 · 112
   7) 증권관리위원회 사이트로 공시 확인하기 · · · · · · · · · · · · · · · · · · 113

8. 미국시장에서 주목할 종목 10 · 115
   1) 애플(AAPL) · 115
   2) 마이크로소프트(MSFT) · 116
   3) 아마존닷컴(AMZN) · 116
   4) 알파벳C(GOOG) · 117

    5) 메타(FB) · 118
    6) 버크셔해서웨이(BRKa) · 118
    7) 알리바바(ADR) · 119
    8) 테슬라(TSLA) · 119
    9) TSMC(TSM) · 120
    10) JP모건체이스(JPM) · 120

04 실전! 중국주식투자

1. 중국의 경제구조 살펴보기 · 122
    1) 글로벌 제조업 기지 · 122
    2) 미국을 능가하는 창업 열기 · 123
    3) 잠재적 최고의 기업 · 124
    4) 위안화와 중국경제 · 126
    5) 중국시장에서 꼭 확인해야 하는 경제지표 · · · · · · · · · · · · 127

2. 중국주식시장의 구성 · 131
    1) 상하이거래소 · 131
    2) 선전거래소 · 131

3. 후강퉁과 매매거래 방법 · 132
    1) 후강퉁이란? · 132
    2) 상하이거래소 주요 지수 · 133
    3) 후강퉁 주요 매매 방법 · 133
    4) 중국주식에 대한 배당소득세 · 134

4. 선강퉁과 매매거래 방법 · 135
    1) 선강퉁이란? · 135
    2) 선전거래소 주요 지수 · 135
    3) 선강퉁 주요 매매 방법 · 136

5. 상하이B/선전B시장 매매 방법 · 138

6. 중국증시에서 주목해야 할 종목 10 · 140

7. 또 하나의 중국 홍콩시장 알아보기 · 145
   1) 홍콩의 경제구조 · 145
   2) 홍콩거래소의 구조 · 148

05 일본시장 알아보기

1. 일본의 경제구조 살펴보기 · 152
   1) 아시아의 맹주 일본 · 152
   2) 일본의 잃어버린 30년 · 154
   3) 일본시장에서 꼭 알아봐야 할 경제지표 · · · · · · · · · · · · · · · · · · · 157

2. 일본주식시장의 구성 · 160
   1) 도쿄증권거래소 소속부 소개 · 160
   2) 일본시장의 매매거래 방법 · 161

06 FX마진거래

1. FX마진거래란? · 164
   1) FX마진거래란? · 164

2. 주문제도의 이해 · 170
   1) 상품명세 · 170
   2) 거래시간 · 172
   3) 주문 종류 · 172

4) 주문 유효기간 · 173
5) 거래비용 · 174
6) 위탁/유지증거금 · 174
7) Rollover이자(swap point) · 175
8) 마진콜 및 강제청산 · 175

07 야간선물옵션거래

1. 야간선물옵션거래란? · 178
1) CME연계 글로벌 시장 · 178
2) EUREX연계 글로벌 시장 · 178

2. 거래제도의 이해 · 180
1) CME연계 글로벌 시장 · 180
2) EUREX연계 글로벌 시장 · 181

08 해외주식투자 HTS 활용하기

1. 해외시장 시황분석 · 186
1) 미국주식시장 시황 · 187
2) 중국주식시장 시황 · 188

2. 경제지표 발표일정 확인(0734) · 191

3. 해외주식 종목분석(2084) · 194
1) 종목 개요 · 195
2) 재무제표 · 195
3) 주요 공시 내용 · 197

4. 해외주식 차트 보기 · 198
1) 해외주식 종합차트 · 199
2) 해외주식 업종종합차트 · 199
3) 해외주식 멀티차트 · 200
4) 해외주식 비교차트 · 201
5) 해외주식 재무차트 · 201
6) 해외주식 버블차트 · 202

5. 주요 상품시세 확인하기 · 204
1) 상품시세 확인(0760) · 204
2) 상품차트(0761) · 205

6. 주요 환율시세 확인하기 · 208
1) 주요 통화 기준환율 · 208
2) 환율시세 · 209
3) 환율차트 · 210
4) 환율 상대비교차트 · 211
5) 주요 통화 환율변환 · 211

7. MTS 주요 화면 소개 · 213
1) 메인 메뉴 화면 · 213
2) 배당투자 관련 화면 · 214
3) 주식차트 · 216
4) 리서치 자료 · 217
5) 해외주식분석 · 218
6) 뉴스와 경제지표 · 219

09 국제자본시장에서 돈은 어떻게 움직이나

1. 안전자산이냐, 위험자산이냐? ··· 222
   1) 안전자산과 안전자산선호현상 ·· 222
   2) 위험자산과 위험자산선호현상 ·· 224

2. 돈이 움직인 흔적, 환율 ·· 227
   1) 외환시장이란 ·· 227
   2) 환율과 환율의 표시 방법 ·· 227
   3) 환율이 경제에 미치는 영향 ·· 229

3. 기축통화와 그 밖의 통화 ·· 232
   1) 기축통화란 무엇인가? ··· 232
   2) 준기축통화의 종류 ··· 235
   3) 약세통화국의 비애 ··· 235

4. 국제기구의 주요 보고서 ··· 240
   1) 경제협력개발기구 보고서 ·· 240
   2) IMF세계경제전망 보고서 ·· 244

5. 플라자합의와 환율조작국 지정 ··· 246
   1) 플라자합의의 진행과 결과 ··· 246
   2) 환율보고서를 통한 환율조작국 지정 ·································· 249
   3) 환율보고서 작성과 금융시장 ··· 251

01
해외주식투자는 무엇인가

1) 해외주식투자란,
우리나라 이외의 주식시장에 투자하는 것

해외주식투자란 우리나라 거래소 이외의 다른 나라 거래소에 상장되었거나, 상장되지는 않았더라도 매매거래가 가능한 주식에 투자하는 것을 말합니다. 즉 우리나라 국경을 벗어난 지역에서 거래되는 주식을 사거나 파는 것을 말하는 것이죠.

전 세계 금융시장이 마치 한 몸인 것처럼 움직이는 것은 IT(정보통신)기술이 눈부시게 발전한 것이 바탕이 되었고 그로 인해 해외주식투자가 언제 어디서든 가능한 조건이 만들어졌기 때문입니다. 우리나라의 경우 세계적인 IT기술을 바탕으로 HTS(홈트레이딩시스템)와 MTS(모바일트레이딩시스템)가 개발되면서 밤낮 구분 없이 투자가 가능한 환경이 만들어졌습니다.

돌이켜보면 1980년대 이후 불어닥친 신자유주의는 지구촌 경제의 세계화를 가속시키는 역할을 했습니다. 무역장벽이 사라지고, 금융시장은 넘쳐나는 유동성을 바탕으로 핫머니Hot money가 국경을 넘나들며 이곳저곳 수익성이 있는 곳이라면 어디든지 투자를 하는 환경이 만들어진 것입니다. 이러한 기본적인 환경 위에 지구촌 뉴스를 한눈에 파악할 수 있는 인터넷 시대가 열리고, 이를 바탕으로 기관투자자는 물론 개인투자자도 해외주식투자를 자유자재로 할 수 있는 시대가 열린 겁니다.

특히 코로나19 국면을 거치면서 국내에서는 '동학개미운동'이, 해외에서는 미국주식시장에 투자하는 '서학개미운동'이 벌어진 것도 개인의 국내주식시장 유입은 물론이고, 해외주식투자가 더욱 활발하게 이루어지는 계기가 되었습니다.

그러나 해외주식투자는 국내주식에 투자하는 것에 비하면 위험성이 대단히 크다고 할 수 있습니다. 가장 일반적인 위험은 바로 환율변동위험에 노출되는 겁니다. 환율이 불리하게 움직일 경우 해외주식투자로 수익을 거두었더라도, 환차손을 감안한 투자손익은 오히려 손실을 볼 수 있습니다. 또한 언어의 차이로 인해 국내뉴스보다는 해외뉴스를 해석하고 이해하는 데 어려움에 처하게 되는 정보비대칭 위험도 해외주식투자를 할 때 반드시 신경을 써야 하는 위험요인입니다.

그렇지만 해외주식투자가 개인투자자에게도 어렵지 않게 접근할 수 있는 투자대안으로 떠오른 이상 투자를 하려면 제대로 하자는 의미에서 해외주식투자를 할 때 반드시 알아야 할 내용을 살펴보기로 하겠습니다. 바르게 알고, 바르게 투자해야 낭패를 보지 않게 될 테니까요.

2) 해외 주요 주식시장 소개

(1) 미국주식시장

미국시장은 규모가 전 세계에서 절반 이상을 차지하는 가장 큰 시장입니다. 2022년 1월 현재 글로벌 주식시장의 시가총액 순위를 살펴보면 다음 표와 같습니다.

미국주식시장은 2위 시장인 일본시장에 비해 7.5배나 큰 시장이고, 우리나라

순위	국가	시가총액 비중
1	미국	55.9%
2	일본	7.4%
3	중국	5.4%
4	영국	4.1%
5	프랑스	2.9%
6	스위스	2.6%
7	독일	2.6%
8	캐나다	2.4%
9	호주	2.1%
10	대한민국	1.8%

출처: www.statista.com

와 비교하면 31배가 큰 시장입니다. 따라서 미국은 명실공히 세계 최대의 주식시장을 보유한 국가라고 볼 수 있습니다. 미국주식시장은 거래소별로도 시가총액이 다른 거래소와 비교해 월등히 높은 모습을 보입니다.

2022년 현재 상장기업의 시가총액을 기준으로 세계 10대 증권거래소를 소개하면 다음과 같습니다.

순위	거래소	시가총액(달러)	설립연도
1	뉴욕증권거래소(NYSE)	24조 4,900억	1792년 5월 17일
2	미국 나스닥거래소(Nasdaq)	19조 3,400억	1971년 2월 8일
3	중국 상하이증권거래소(SSE)	6조 5,000억	1866년
4	홍콩증권거래소(SEHK)	6조 4,800억	1800년대 중반
5	일본 증권거래소(JPX)	6조 3,500억	2013년 통합거래소
6	중국 선전증권거래소(SZSE)	4조 9,000억	
7	EURONEXT(유럽)	4조 8,800억	2000년
8	LSE그룹(영국 및 이탈리아)	3조 6,700억	1801년
9	인도 증권거래소(NSE)	2조 5,700억	1992년
10	캐나다 토론토증권거래소(TSE)	2조 5,000억	1852년

미국주식시장을 거래소별로 소개하면 다음과 같습니다.

① 뉴욕증권거래소

출처: ko.wikipedia.org

뉴욕증권거래소NYSE; New York Stock Exchange는 '빅보드Big Board'라는 별칭으로 불리는데 세계 주식시장 시가총액의 40%를 차지하는 세계 최대의 증권거래소입니다. NYSE는 1792년 5월 17일 24명의 증권브로커가 월스트리트에 모여 연방정부 채권의 수수료율을 협의한 모임에서 시작되었습니다. 그 이후 1817년 뉴욕 증권거래위원회로 공식 설립되었고, 1863년에 지금의 이름으로 변경되었습니다. 뉴욕 월스트리트 11번가에 위치하고 있습니다.

2021년 3월 기준 시가총액 24조 4,900억 달러 규모로 세계 1위를 차지하고 있고, 상장된 회사의 수는 3,100개 정도 됩니다.

NYSE는 회원수가 정해진 회원제로 운영되어, 금융사 등이 NYSE에서 거래하기 위해서는 거래소 회원으로 가입해야 합니다. 하지만 정원이 정해져 있기 때문에 새로 회원으로 가입하기 위해서는 기존 회원에게 양도받아야 합니다. 정회원 수는 1868년에 533명에서 1953년 1,366명으로 늘어난 후 더 이상 늘지 않고 있습니다.

② 나스닥시장

나스닥시장Nasdaq; National Association of Securities Dealers Automated Quotations은 뉴욕 월스트리트에 위치하며 시가총액 기준으로 세계 2위인 증권거래소입니다. 나스닥시장은 벤처기업이나 기술 기반의 기업이 상장되는 거래소로 우리나라의 코스닥Kosdaq, 중국의 차스닥Chasdaq, 일본의 자스닥Jasdaq의 모델이 되는 거래소입니다.

1971년 장외시장에서 시작된 나스닥시장은 NYSE와 다르게 처음부터 전산 시스템을 이용해서 거래 당사자에게 장외시장의 호가 정보를 제공하여 거래가 이루어지게 하는 자동거래 시스템으로 운영됩니다.

나스닥시장은 NYSE에 비해 상장조건이 완화되어 있고 상장유지, 추가 상장, 주식배당 등의 수수료가 NYSE보다 저렴합니다. 이런 이유로 회사 설립 초기에 재정적으로 안정적이지 못한 벤처기업들이 많이 등록할 수 있었습니다.

나스닥시장에는 주로 정보통신, 바이오, 인터넷 기업들이 상장되어 있습니다. 대표적인 기업으로는 애플, 마이크로소프트, 인텔 등이 있습니다.

미국은 앞서 살펴본 바와 같이 세계 최대 규모의 주식시장을 보유한 나라입니다. 그래서 전 세계 투자자로부터 관심의 대상이 됩니다. 미국주식시장이 가진 특징을 살펴보면 다음과 같습니다.

① 강력한 기축통화 달러를 보유한 나라

미국은 달러를 보유한 나라입니다. 달러는 글로벌 결제의 중심통화인 기축통화 Key Currency 입니다. 가장 강력한 통화를 가진 나라는 필요할 때마다 돈을 풀 수 있어 위기에 강하고, 경제 회복 속도도 가장 빠릅니다. 그래서 미국의 주가는 다른 나라 주식시장의 주가보다 강하게 움직입니다.

② 경제의 70%가 소비로 돌아가는 소비왕국

한 국가의 경제는 민간소비, 기업투자, 정부지출, 순수출(수출-수입)로 구성됩니다. 미국은 민간소비가 경제의 70%를 차지할 정도인 소비왕국입니다. 경제는 생산과 소비로 이루어지는데 거대한 소비여력을 가진 나라이므로 기업 수익에도 큰 도움을 주는 경제구조를 가지고 있습니다.

③ 가장 세련된 주주친화적인 기업문화

미국은 자본주의 경제의 산실이라고 불러도 손색이 없습니다. 특히 배당금 지급이나 자사주매입과 같은 주주친화적인 기업문화가 일반화되어 있습니다. 상대적으로 경영환경이 불투명한 다른 나라 주식시장에 비해 비교적 투명한 경영환경과 주주친화적인 기업문화로 인해 상대적으로 좋은 평가를 받고 있습니다. 그래서 다른 나라 주식시장에 비해 주가 상승이 가능한 곳입니다.

④ 4차 산업혁명의 최전선에 있는 국가

4차산업은 산업 간 융복합을 통해 새로운 가치를 창출하는 혁명적 산업구조 재편을 의미합니다. 미국에는 메타(페이스북), 아마존, 애플, 넷플릭스, 구글, 마이크로소프트 등 활발한 기업인수합병을 통해 4차 산업혁명을 이끌어가는 기업이 즐비합니다. 그만큼 미래 가치가 높은 기업이 많은 시장이 미국입니다.

⑤ 유니콘기업의 메카

유니콘기업은 비상장 스타트업 start-up 기업으로 시가총액이 10억 달러, 우리 돈으로 1조 원 이상인 기업을 말합니다. 유니콘기업이 탄생하기 위해서는 탄탄한 소비시장이 뒷받침되어야 합니다. 미국은 경제의 70%가 소비로 이루어진 나라이고, 이를 바탕으로 유니콘기업이 수없이 생겨나고 있어, 소위 대박투자를 노릴 수 있는 밑바탕이 되는 기업이 많은 시장입니다.

(2) 중국주식시장

중국주식시장은 시가총액 기준으로 세계 3위를 기록하고 있으며, 상하이증권거래소는 미국의 뉴욕증권거래소와 나스닥시장에 이어 세계 3위를 차지할 정도로 급성장하는 시장입니다. 과거 중국주식시장은 외국인에게 투자가 허용되지 않는 폐쇄적인 시장이었지만, 2014년 홍콩증권거래소와 상하이증권거래소의 교차거래를 허용하는 후강퉁제도를 시행하면서 외국의 투자자에게 자본시장을 개방했고 이후 괄목할 만한 성장을 이뤄내고 있습니다.

중국은 2개의 증권거래소가 대표적입니다. 하나는 상하이증권거래소이고 다른 하나는 선전증권거래소입니다. 상하이증권거래소에는 대체로 전통산업 위주의 대형주가 상장되어 있고, 선전거래소에는 IT와 바이오 등 신경제산업 기업이 주로 상장되어 있습니다.

① 상하이주식시장

상하이증권거래소에서 운영되는 시장은 크게 메인보드(상하이A주와 상하이B주)와 커촹반(科創板: 스타마켓)으로 구성됩니다. 본래 상하이A주 시장은 중국 내국인만 투자가 가능한 중국기업 주식이 거래되는 시장이었습니다. 과거 외국의 개인투자자가 A주 종목을 사는 것은 아예 불가능했고, 외국 기관투자자도 적격해외기관투자자QFII와 위안화적격외국인투자자RQFII의 자격을 취득한 기관에 한해서만 허용됐습니다.

하지만 지난 2014년 11월 17일 중국 상하이증권거래소와 홍콩증권거래소를 잇는 후강퉁(滬港通)이 시행된 이후 해외의 개인투자자 또한 홍콩증권거래소를 통해 상하이증권거래소에 상장된 A주 후구퉁(滬股通; 홍콩거래소를 통한 상하이증권거래소 주식 거래) 대상 종목에 투자할 수 있게 됐습니다. 후강퉁은 후구퉁과 강구퉁(港股通; 상하이거래소를 통한 홍콩주식 거래)으로 나뉘며, 후구퉁은 위안화로 강구퉁은 홍콩달러로 거래됩니다.

상하이B주 시장은 외국인만 투자가 가능한 중국기업 주식이 거래되는 시장입니다. 1992년 2월 21일 설립된 B주 시장은 해외자본의 직접 유치를 위해 설립됐으나, 중국 당국의 여러 규제에 막혀 A주에 비해 활성화되지 못했고, 이에 후강통 개통 전까지는 사실상 외국인의 직접투자가 불가능했습니다. 외국인 전용 투자 시장인 만큼 미국달러로 거래가 되며, 본래 중국 내국인의 투자가 금지됐으나 2001년부터 2월부터 내국인 투자 또한 허용됐습니다.

커촹반은 중국 과학기술기업의 주식이 거래되는 시장입니다. 지난 2018년 11월 5일 중국 상하이에서 열린 중국 국제수입박람회 개막연설에서 시진핑 중국 국가주석이 직접 설립 계획을 밝힌 후 8개월여 이후인 2019년 7월 22일 출범했는데 출범 당시 수익성 등 상장기준을 대폭 완화하고, 주가 상·하한 제한폭도 20%로 조정하는 등 과거 중국 자본시장에서 볼 수 없었던 새로운 방식의 제도 개혁을 시도해 '중국 자본시장 개혁의 시험대'로 불리기도 했습니다.

② 선전주식시장

선전증권거래소에서 운영되는 시장은 크게 메인보드(선전A주와 선전B주), 중소판(中小板: SME), 창업판(創業板: 차이넥스트)으로 구성되어 있습니다.

선전A주·B주는 상하이A주·B주와 마찬가지로 각각 내국인 전용과 외국인 전용 주식시장입니다. 2016년 12월 5일 중국 선전증시와 홍콩증시를 잇는 선강퉁(深港通)이 시행된 이후 외국 개인투자자들 또한 홍콩증권거래소를 통해 선전증시에 상장된 A주 선구퉁(深股通; 홍콩거래소를 통한 선전주식 거래) 대상 종목에 투자할 수 있게 됐습니다. 선강퉁은 선구퉁과 강구퉁(港股通; 선전거래소를 통한 홍콩주식 거래)으로 분류되며, 선구퉁은 위안화로 강구퉁은 홍콩달러로 거래가 이루어집니다.

중소판은 그 이름에서 알 수 있듯이 중소기업이 상장되어 있는 시장이고, 창업

판은 중소·벤처기업 전용 주식시장입니다.

중국주식시장은 가장 빠르게 성장하는 시장이라는 점에서 주목해야 하는 곳입니다. 중국주식시장의 특징을 살펴보면 다음과 같습니다.

① 세계 최대 규모의 인구를 가진 나라

중국의 인구는 2021년 말 기준으로 14억 1,260만 명입니다. 최근에는 한 나라의 인구가 그 나라의 시장규모를 결정하는 결정적인 요인이 되었습니다. 예를 들어 미국의 최대 쇼핑시즌인 블랙프라이데이와 실적을 겨루는 중국의 광군제(光棍節)는 미국 쇼핑 규모를 뛰어넘는 기록을 세우고 있습니다. 2021년 광군제 매출규모가 한화로 91조 8,000억 원에 이를 정도입니다. 2009년에 시작된 광군제의 첫해 매출규모가 한화 87억 원이었으니 그 사이 얼마나 엄청난 소비성장이 있었는지를 알 수 있습니다.

인구가 시장규모를 결정한다는 것이 정설로 자리 잡으면서 중국은 가장 큰 내수시장을 보유한 국가가 되었습니다. 또한 내수기업의 괄목할 성장이 매년 이어지는 나라이기도 합니다.

② G2국가로의 도약

중국은 국가별 GDP를 기준으로 현재 전 세계 2위를 기록하고 있지만 1인당 GDP는 약 9,000달러로 중진국 수준을 기록하고 있어 빈부격차가 매우 극심한 모습을 보이고 있기도 합니다. 그러나 빠른 경제성장은 세계 최대 경제국인 미국을 바짝 뒤쫓고 있습니다. 많은 전문가가 향후 20년 이내에 중국이 미국의 경제규모를 추월할 가능성이 있다고 합니다. 2021년 기준으로 미국의 GDP 규모는

22조 9,395억 달러이고, 중국은 16조 8,629억 달러입니다.

③ **세계의 공장에서 세계의 시장으로**

중국은 그동안 풍부한 노동력을 바탕으로 세계의 공장 역할을 해왔습니다. 전 세계는 저렴한 중국산 공산품을 소비하면서 풍요로운 생활을 이어갈 수 있었습니다. 그러나 중국은 이제 산업구조를 고도화하는 정책을 펼치기로 했습니다. 더 이상 저렴한 공산품에 의존하는 것이 아니라 보다 고부가가치 제품을 만들어낼 산업구조를 갖춰나가겠다는 겁니다. 중국은 2021년 폐막한 양회(兩會; 전국인민대표대회와 전국인민정치협상회의)에서 2021~2025년 사이에 실시하는 14차 5개년계획을 통해 기술고도화, 경제자립화를 이룩하겠다고 발표했습니다. 이는 '세계의 공장'에서 나아가 '세계의 시장'이 되어 글로벌 영향력을 키우겠다는 의미로 해석되고 있습니다.

④ **창업의 용광로**

중국에서는 하루에 1만 6,000개 이상의 기업이 생겨납니다. 중국 대학 졸업생의 창업률이 8%로 한국의 10배가 넘습니다. 다이웨이(戴威) 같은 유니콘기업 중에는 대학 재학생이나 졸업한 지 수년 만에 창업한 기업이 많습니다. 한 해 대학 졸업생이 600만 명이 넘어, 치열한 구직 경쟁에서 창업으로 눈을 돌리는 점도 있지만 두텁게 형성된 창업친화적 생태계가 큰 역할을 하고 있습니다.

'개혁개방의 1번지' 선전은 '창업 용광로'로 불립니다. 이곳의 화창베이(華强北)는 용산 전자상가의 20배가량 되는 초대형 전자상가로 전자제품에 필요한 재료와 부품이 다 있어 자석처럼 벤처기업을 주변으로 끌어모으고 있습니다. 구글과 애플이 연구개발센터를 설치한 곳도 바로 이곳입니다.

'중국판 포브스'로 불리는 후룬바이푸(胡潤百富)에서 2019년 전 세계 유니콘기업 494개 중 중국이 206개로 미국의 203개를 처음으로 앞질렀다고 발표할 정도로 중국은 창업의 용광로 같은 곳입니다. 그만큼 투자의 기회가 많은 나라라는 뜻이지요.

(3) 홍콩주식시장

홍콩주식시장은 홍콩이 중국으로 반환된 이후 중국주식시장에 포함되는 것이 마땅합니다만, 홍콩증권거래소는 오랜 시간 아시아 금융의 허브 역할을 했던 곳이기도 합니다.

홍콩증권거래소는 1891년에 설립됐습니다. 홍콩증권거래소에서 운영되는 시장은 크게 메인보드와 성장기업시장GEM; Growth Enterprise Market 으로 구성되어 있습니다. 메인보드 시장은 다시 H주와 레드칩(R주), 항셍주로 분류됩니다.

H주는 중국에 설립된 기업의 홍콩 상장주식으로, 자본(모기업)과 등록지 모두가 중국 소재인 기업이 상장된 시장을 의미합니다. R주는 홍콩증시에 상장된 중국 국유기업 해외법인의 주식으로, 자본(모기업)은 중국이나 등록지는 홍콩인 기업이 상장된 시장을 뜻합니다. 항셍주는 H주와 R주를 제외한 홍콩 및 외국기업 주식이 거래되는 시장입니다. 홍콩 GEM은 홍콩 메인보드시장 상장에는 적합하지 않으나 성장성이 높은 중소기업이 상장할 수 있는 시장을 말합니다.

최근 미국 당국의 거세진 규제 속에 탈(脫)미국을 추진하는 중국기업에 있어 홍콩시장은 상장하기에 좋은 가장 유력한 2차 거래소로 주목받고 있습니다. 미국 나스닥에 상장된 알리바바가 홍콩증시에 재상장했고, 또 다른 나스닥시장 상장사인 왕이(網易: 넷이즈)와 징둥(京東)도 홍콩행을 선택했을 정도입니다. 최근 역대 최대 규모의 IPO로 기록될 대형 핀테크FinTech(금융과 기술을 결합한 서비스)기업의 상장 소식이 전해지면서 홍콩증권거래소를 향한 글로벌 투자자들의 이목이 집중되고 있는 상황입니다.

(4) 일본주식시장

일본주식시장은 국가별 시가총액에서는 미국 다음의 2위 국가입니다. 일본의 금융위상은 우리가 생각하는 것 이상으로 강합니다. 그러나 일본의 통합거래소인 일본거래소는 시가총액이 중국 상하이거래소에 이어 4번째 주식시장입니다.

도쿄증권거래소는 대기업이 소속된 1부, 대기업보다 시가총액이 작은 기업이 소속된 2부, 2부에도 속하지 못하는 기업이 소속된 마더스 Mothers 로 시장을 나누어 운영하고 있습니다.

도쿄증권거래소 외에도 오사카증권거래소, 후쿠오카증권거래소, 나고야증권거래소, 삿포로증권거래소 등 여러 거래소가 있지만 규모 면에서는 상대적으로 큰 차이를 보이고 있습니다.

도쿄증권거래소는 2013년에 오사카증권거래소와 합병해서 '일본거래소그룹 JPX'으로 통합되었습니다. 일본거래소 그룹의 본사는 오사카증권거래소 자리에 있지만, 실무는 도쿄증권거래소에서 처리합니다. 법적인 JPX의 주소는 오사카증권거래소로 되어 있지만, 산하에 있던 거래소의 기능을 통합하여 도쿄증권거래소로 일원화하였습니다. 오사카거래소는 미니닛케이225 지수선물 거래량이 아시아 1위권으로 파생상품이 강한 곳입니다.

(5) 싱가포르시장

1984년도에 설립된 싱가포르증권거래소 SGX 는 아시아에서 경제규모가 가장 큰

3개국(중국, 일본, 인도)의 지수선물상품을 상장시킨 아시아의 대표 증권거래소라고 할 수 있습니다. 또한 아시아 태평양 거래소 중에서는 호주증권거래소ASK와 함께 증시에 상장되어 있는 거래소이기도 합니다. 이곳은 2016년 영국 런던에 있는 발틱해운거래소를 인수했습니다.

SGX의 주요 특징은 다양한 아시아 국가의 지수선물을 거래할 수 있는 것입니다. 대표적인 지수선물은 일본 닛케이225지수, 타이완 타이완지수, 중국 차이나A50지수, 인도 니프티Nifty 지수, MSCI 싱가포르지수, MSCI 인도네시아지수 등 아시아를 대표하는 각 주요 국가의 지수를 기초자산으로 하는 파생상품입니다.

주로 거래되는 상장상품이 대부분 국내 상품이 아닌 외국 상품으로 구성되어 있으며, 대표적으로 닛케이225 지수선물이 국내 투자자들에게 큰 인기를 얻고 있습니다.

싱가포르에서 거래되는 닛케이225 지수선물과 옵션은 1995년 2월 영국의 베어링스은행이 파산하는 계기를 만든 상품으로 유명합니다.

해외주식투자의 필요성

1) 새로운 투자기회 포착:
우리나라에는 없는 사업을 하는 기업을 찾는다

글로벌 경제는 자유무역을 통해 발전해왔습니다. 그리고 자유무역을 하기 위해 서로 경쟁력이 있고 또 잘하는 분야에서 자국의 산업을 발전시키고, 나머지 부족한 부분은 수입을 통해 충당하는 방식을 취했습니다. 그렇기 때문에 우리나라에서 잘하는 산업이 있는 반면 우리나라는 따라가지 못하는 산업도 있게 되었습니다.

미국 등 기술선진국은 인공지능AI, 바이오신약개발, 우주항공기술 등 첨단산업 분야에서는 앞서나가는 상황이지만 자국 내 노동임금이 비싸지면서 제조업을 해외로 내보내는 기업의 해외진출Off-shoring을 독려해 제조업 공동화가 나타나기도 했습니다. 그에 따라 중국이 거대한 세계의 공장 역할을 하면서 공업을 발전시킬 수 있었습니다.

자유무역은 세계경제를 발전시킨 장점도 있지만, 특히 국가 간 경쟁력의 양극화를 불러오기도 했습니다. 쉽게 말해 고부가가치 산업은 선진국을 중심으로 발전했고, 저부가가치 산업, 예를 들어 원자재 수출이나 가공무역 등은 이머징Emerging 국가를 중심으로 발전하게 된 것입니다. 이 말은 나라마다 산업 구조가 다르게 조직되어 있다는 것을 뜻합니다.

따라서 해외주식투자는 우리나라에 없는 산업에 투자할 기회를 갖고, 또 우리나라에는 없는 사업을 하는 기업에 투자기회를 얻는 것입니다.

미국에는 세계 최대의 기업, 특히 대표 IT기업인 마이크로소프트, 애플, 구글이 있고, 사회관계망서비스SNS인 메타, 트위터가 있으며 온라인 거래 서비스는 아마존이 버티고 있습니다. 이런 대표 기업은 우리나라에는 없는 기업입니다.

또한 중국기업도 거대한 내수시장을 바탕으로 성장하고 있는 상황인데요. 대표적인 기술기업인 텐센트와 알리바바, 통신기업체인 샤오미, 바이오기업인 베이진 등도 우리나라와 경쟁 관계에 있거나 우리보다 앞서는 기업입니다.

이렇게 해외투자는 우리나라에는 없는 산업, 또는 우리나라에는 없는 사업을 하는 기업에 대한 투자기회를 잡을 수 있어 유용합니다.

2) 글로벌 포트폴리오 구성:
국가 간에도 포트폴리오 구성이 필요하다

글로벌 투자를 하는 사람들은 글로벌 포트폴리오 구성에도 도움을 받을 수 있습니다. 포트폴리오란 두 개 이상의 자산을 동시에 가지고 있는 상태를 말합니다.

예를 들어 반도체업종에 대한 포트폴리오를 구성한다고 할 때 우리나라 삼성전자나 SK하이닉스를 가지고 있는 경우 우리나라 국내 상황에 따라 디스카운트될 수 있는 상황이 왔을 때, 미국의 마이크론테크놀로지나 대만의 TSMC 등을 포함시켜 포트폴리오를 구성함으로써 상대적으로 국내 상황에 따라 변동하는 시세를 막을 수 있습니다.

또 안전자산과 위험자산이라는 측면에서는 글로벌 긴장 상태나 경제 충격이 왔을 때 자신의 포트폴리오를 안전자산, 즉 미국 내 주식이나 ETF(상장지수펀드) 등에 투자해 위험을 회피할 수 있고, 반대로 경기가 호황을 보이며 위험자산선호 현상이 벌어지면 상대적으로 위험을 부담하면서 수익을 올릴 수 있는 이머징시장에 투자해 포트폴리오 전략을 짤 수 있습니다.

또한 국가 간에도 포트폴리오를 짤 수 있는데요. 미국주식, 유럽주식, 중국주식, 일본주식 그리고 우리나라 주식을 골고루 보유할 경우 국가 간 포트폴리오 구성도 가능하게 되므로 이 또한 해외주식투자의 장점이라고 할 수 있습니다.

3) 글로벌 트렌드의 이해:
새로운 사업기회는 주식시장에서 포착된다

글로벌 트렌드는 주식시장을 통해서 산업과 기술의 변화를 포착할 수 있고, 많은 지표가 있지만 소위 유니콘기업의 탄생과 상장을 통해서 그 트렌드를 읽을 수 있습니다.

유니콘기업이란 기업가치가 10억 달러(1조 원)를 넘는 비상장 스타트업기업을 전설 속의 동물인 유니콘에 비유하여 일컫는 말입니다. 원래 유니콘은 머리에 뿔이 한 개 나 있는 전설 속의 동물로 말 형상을 하고 있는데요. 상장도 하지 않은 스타트업기업의 가치가 10억 달러를 넘는 일은 유니콘처럼 상상 속에서나 가능한 일이라는 의미에서 여성 벤처투자자인 에일린 리 Aileen Lee가 2013년에 처음 사용했습니다. 현재 대표적인 세계적 유니콘기업에는 미국의 우버, 에어비앤비, 스냅챗과 중국의 샤오미, 디디콰이디 등이 있습니다. 국내에서도 쿠팡과 옐로모바일 등이 유니콘기업으로 꼽힙니다.

앞으로도 유니콘기업은 4차 산업혁명의 진행과 함께 속속 나타날 것으로 보입니다. 이런 기술과 산업의 트렌드를 읽을 수 있는 것도 해외주식투자를 통해서 파악할 수 있는 장점으로 볼 수 있습니다.

03
해외주식투자의 위험성

1) 주식투자의 적: 정보비대칭

(1) 정보의 가치는 얼마일까?

주식투자를 해본 사람은 정보가 중요하다는 것을 잘 알고 있습니다. 그런데 많은 사람이 과연 내가 가진 정보가 어느 정도의 가치를 갖는지는 잘 알지 못합니다. 정보의 가치에 대해 잠시 생각해보겠습니다.

① 나도 알고, 남도 아는 정보

나도 알고 있고, 남도 알고 있는 정보의 가치는 제로(0)입니다. 즉 모두가 같이 알고 있는 정보는 가치가 없고, 그 정보를 이용해서 주식투자를 하게 되면 수익을 내기는커녕 손실을 입을 가능성이 큽니다.

② 내가 알고 있는 정보와 다른 사람이 알고 있는 정보가 다르고, 내 정보가 부정확한 경우

내가 알고 있는 정보와 다른 사람이 알고 있는 정보가 다른 경우, 그 정보는 가치가 있습니다. 그러나 내 정보가 부정확한 경우는 그 가치를 마이너스(-)로 생각해야 합니다. 부정확한 정보를 가지고 주식투자에 나서면 그 결과는 큰 손실을 보게 되는 상황으로 연결됩니다.

③ 내가 알고 있는 정보와 다른 사람이 알고 있는 정보가 다르고, 내 정보가 정확한 경우
내가 알고 있는 정보와 다른 사람이 알고 있는 정보가 다르고, 이때 내 정보가 정확한 경우 그 정보는 플러스(+) 가치가 있고, 이런 경우에 한해서 주식투자로 수익을 낼 수 있는 진짜 가치 있는 정보가 됩니다.

이렇게 정보란 내가 남보다 더 정확한 정보를 가지고 있어야 합니다. 이렇게 정확한 정보를 가진 사람과 그렇지 못한 정보를 가진 사람이 존재하는 경우를 '정보비대칭Information Asymmetric'이 존재한다고 합니다.

(2) 정보비대칭

정보가 비대칭구조를 이루고 있다는 것은 정보가 모든 이해관계자에게 골고루 전달되지 않고, 어떤 사람은 정확한 정보를 많이 갖고 다른 사람은 정보를 적게 가지거나 부정확한 정보를 갖는 상황을 말합니다. 이런 일이 벌어지면 대부분의 경우 정확한 정보를 많이 가진 사람이 정보를 적게 가진 사람이나 부정확한 정보를 가진 사람으로부터 이익을 얻을 기회가 많아집니다.

일반적으로 정보의 비대칭 현상을 설명할 때 중고차매매를 예로 드는데 중고차시장의 정보비대칭이 어떤 문제를 일으키는지를 살펴봄으로써 정보가 대칭적이지 못할 때 나타나는 문제점들을 알아보겠습니다.

많은 경우 초보운전자는 신차를 구입하기보다 중고차를 구입하기를 원합니다. 신차를 운전하는 경우 운전미숙으로 자동차에 상처를 내는 것을 두려워하기 때문이죠. 초보운전자뿐 아니라 중고차시장에서 중고차를 사려고 하는 사람은

중고차의 원래 주인보다는 자동차에 대해서 잘 알고 있지 못한 것은 물론이고 그 차의 상태에 대한 정보가 적은 것이 일반적입니다. 여기서는 초보운전자가 차가 필요해서 중고차시장에서 구입하는 것을 가정해보겠습니다. 중고차를 사본 경험이 있는 사람들은 보다 쉽게 이해가 될 겁니다.

어떤 사람이 중고차시장에서 300만 원짜리 중고차를 구입하려고 하는데 매물로 A, B, C 3대가 있다고 해보겠습니다.

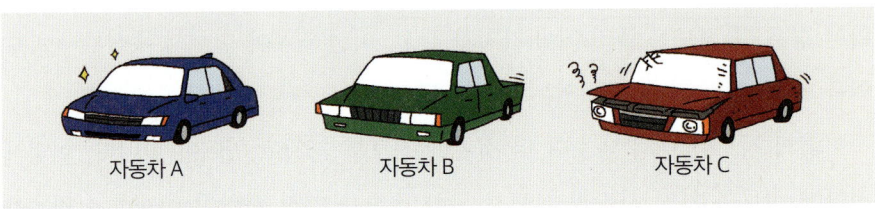

❶ 자동차A는 주인이 정비도 잘하고 소모품도 제때 잘 교환해서 차에 정말로 300만 원의 가치가 있고,

❷ 자동차B는 차주가 차를 조금 험하게 사용해서 접촉사고도 몇 번 발생했고, 따라서 원래는 200만 원 정도의 가치가 있지만 중고차시장 매매를 위해 도색도 다시 하는 등 포장을 잘 해서 300만 원에 매물로 내놓았습니다.

❸ 자동차C는 주인이 운전을 난폭하게 해서 가끔 앞차를 받기도 하고 또 어떤 때는 정면충돌도 하고 해서 엔진도 몇 차례 갈아치워 실제로는 100만 원의 가치도 안 되는데 겉모습만 잘 정비해서 300만 원에 내놓았다고 해봅시다.

이런 경우 사람들은 제값을 주고 제대로 된 중고차를 잘 고르는 게임으로 착각하기 쉽습니다. 그러나 사정이 그렇게 녹록하지 않다는 점을 알아야 합니다.

차 주인이 자신의 차 상태에 대해 잘 아는 사람이라고 할 때 자동차A의 주인은 가만히 생각해보면 기가 막힐 겁니다. '저런 형편없는 차들을 300만 원에 내

놓으면 내 차는 조금만 손을 본다면 더 비싼 값에 팔 수 있지 않을까?' 그래서 300만 원짜리 시장에서 퇴장하여 400만 원 아니 500만 원짜리 시장으로 가려고 할 겁니다.

자동차B의 차주는 이런 생각을 하지 않을까요? '나도 양심이 없지만 더 양심이 없는 사람이 있네.' 조금만 더 손을 봐서 보다 비싼 값에 팔기 위해 자동차B의 주인도 300만 원짜리 시장에서 퇴장해 400만 원짜리 시장으로 갔다고 해봅시다. 그러면 300만 원짜리 시장에는 결국 자동차C만이 남아 중고차를 사려는 사람이 선택의 여지도 없이 100만 원의 가치도 안 되는 차를 300만 원에 주고 살 수밖에 없는 일이 벌어지게 됩니다. 이러한 현상을 '역선택'이라고 합니다. 즉 제값을 주고도 제대로 된 물건을 사지 못하는 문제가 발생하는 겁니다. 이렇게 시장에서 정보가 비대칭 현상을 보이면 소비자 내지는 투자자가 좋은 값에 좋은 것을 사는 것이 아니라 나쁜 것을 좋은 값에 사게 되는 현상이 발생합니다. 이를 뒤집어보면 정보를 많이 가진 사람이 정보를 적게 가진 사람을 속여서 이익을 얻을 수 있게 되는데 이것을 바로 도덕적 해이, 즉 모럴해저드 moral hazard 라고 부릅니다.

이런 정보의 비대칭 현상은 주식시장에서도 나타나는데 시장에서는 일반적으로 정보를 많이 가진 사람이 돈을 벌고 정보를 적게 가진 사람은 돈을 잃게 됩니다. 정보의 우위자인 사람, 특히 그중 경영자들이 마땅히 주주에게 돌아가야 할 많을 정보의 약자인 주주들이 모르는 사이에 자신들의 배를 불리는 쪽으로 의사결정을 하는 겁니다.

시장에서 이렇게 정보의 약자 위치에 있다면 그 사람은 결코 좋은 투자 결과를 얻지 못할 겁니다. 그렇기 때문에 올바른 투자를 위해서는 내가 가장 잘 아는 산업 그리고 내가 가장 잘 아는 회사에 투자를 해야 합니다. 여기서 내가 잘 안다는 것은 그 기업의 세세한 부분까지 아는 것을 말합니다. 예를 들면 그 회사가 어떤 사업을 하며, 어떤 물건을 만들어 팔고, 원가구조는 어떠하며, 재무상태의 건전성과 경영자의 자질은 합리적인가 하는 등의 내용을 포함합니다. 만약 자신이 투자하려고 하는 회사에 대해서 이러한 내용을 이해하지 못한다면 그 회사에 대한 투자는 성공보다 실패할 가능성이 더 크다고 볼 수 있을 겁니다. 투자는 정보의 비대칭을 없애는 일부터 시작된다고 해도 과언이 아니기 때문이죠.

그렇다면 과연 해외투자를 하는 경우는 어떨까요? 언어도 다르고, 회계기준도 다르고, 지역적으로도 멀리 떨어져 있어 뉴스가 있어도 실제로 확인도 어려운 상황이 벌어진다면 명백하게 정보비대칭에 빠져 역선택을 할 가능성이 매우 크다는 점을 기억해야 합니다. 우리나라에서 우리말로 제공되는 정보를 통해서도 수익을 내기 어려운 상황이란 것을 감안하면 해외투자는 그만큼 더 위험하다는 점을 인식해야 합니다.

2) 국경을 넘으면 위험하다:
환율 위험과 환헤지의 필요성

(1) 해외투자는 다른 통화에 투자하는 것과 같다

해외투자는 겉으로 보기에는 해외기업이 발행한 주식에 투자하는 것처럼 보이지만, 실제로는 해외기업이 발행한 주식에 투자하는 것과 함께 그 나라 통화에 투자하는 것을 포함합니다. 그래서 해외투자의 성과를 가늠하는 것이 매우 힘든 상황입니다. 다음과 같은 예를 통해서 그 내용을 알아보겠습니다.

① **해외주식 가격도 오르고 해외통화 가치도 상승하는 경우** | 이때는 수익이 배가 됩니다. 주식으로도 돈을 벌고, 외화투자에서도 돈을 벌기 때문입니다.

② **해외주식은 오르는데, 해외통화 가치는 하락하는 경우** | 이때는 수익의 방향을 알기 어렵습니다. 주식투자 수익률이 통화가치 하락률보다 더 크다면 이익이겠지만, 주식투자 수익률보다 통화가치 하락률이 더 크다면 손실을 보게 됩니다.

③ **해외주식은 내리는데, 해외통화 가치는 상승하는 경우** | 이때도 마찬가지로 수익의 방향을 알기 어렵습니다. 주식투자 손실률이 통화가치 상승률보다 더 크다면 손실이겠지만, 주식투자 손실률보다 통화가치 상승률이 더 크다면 이익을 보게 됩니다.

④ **해외주식도 내리고, 해외통화 가치도 내리는 경우** | 이때는 손실이 배가 됩니다. 주식투자로도 돈을 잃고, 외화투자에서도 돈을 잃기 때문입니다.

이렇듯 해외투자는 주식투자 수익률 이외에 현지통화의 가치가 오르느냐 내리느냐에 따라 손익이 달라지기 때문에 국내에서 주식투자를 할 때보다 고려해야 하는 변수가 엄청나게 많아집니다. 그래서 국경을 넘어가면 환율변동으로 인한 위험이 커진다는 점을 잊지 말아야 합니다.

(2) 환율변동위험을 없애야 한다

해외투식에 투자하는 경우 필연적으로 환율변동위험에 노출되게 됩니다. 안정적인 투자를 원하는 투자가라면 환율변동위험을 없애야 하는데 이렇게 환율변동위험을 없애는 행위를 헤지Hedge라고 합니다. 헤지는 위험으로부터 나를 보호해주는 장치로 보시면 됩니다.

환율이 오르내리는 것은 해외투자 성과에 영향을 주고, 때문에 정확한 손익계산을 불가능하게 만듭니다. 특히 환율의 움직임을 제한하지 않는 자유변동환율제도를 채택하고 있는 나라의 경우 하루 중 환율변동에 제한폭이 없으므로 급변동하는 경우 큰 이익의 가능성도 있지만, 큰 손실을 입을 가능성도 있습니다. 그래서 많은 기관투자자가 환율변동위험을 적극적으로 헤지하는 전략을 사용합니다.

(3) 환헤지는 어떻게 하나?

환율변동위험을 없애는 방법은 여러 가지가 있지만, 해외투자자들이 쉽게 접근할 수 있는 방법을 몇 가지 소개하면 다음과 같습니다.

① 통화선물을 이용하는 경우

해외투자의 경우 환전을 한다는 것은 해당국의 통화를 매입하는 것과 같은 의미를 갖습니다. 그렇기 때문에 해당국의 통화가치가 오르면 이익, 내리면 손실을 입습니다. 통화가치가 내릴 때 입는 손실을 없애기 위해서는 통화선물을 매도합니다. 내가 투자하는 금액과 맞는 선물계약수를 매도함으로써 환율변동위험을 없앨 수 있습니다.

통화선물매매는 한국거래소 www.krx.co.kr 에서 가능합니다. 현재 한국거래소에서 매매되고 있는 통화선물은 미국달러화, 일본엔화, 유로화, 중국위안화 등이 있습니다. 각 통화선물의 계약당 통화의 가치는 다음과 같습니다.

거래통화	거래단위	결제 방법
미국달러화	US $10,000	인수도결제
일본엔화	JP ¥1,000,000	인수도결제
유로화	EU €10,000	인수도결제
중국위안화	CNH ¥100,000	인수도결제

예를 들어 미국주식에 1억 원을 투자했고, 이때 환율이 달러당 1,000원이라면 미화로 10만 달러를 투자하게 되는 것이고, 그렇다면 미국달러선물 10계약(US$10,000×10계약=100,000달러)을 매도하면 환율변동위험이 헤지됩니다.

이렇게 본인이 투자한 자금의 전부를 선물을 통해 헤지하는 것을 완전헤지 perfect hedge 라고 하고, 본인이 투자한 금액을 모두 헤지하지 않고, 일부만 헤지하는 경우를 부분헤지 partial hedge 라고 합니다. 앞의 예에서 1억 원을 투자하면서 일부는 헤지를 하고, 나머지는 환율변동위험에 노출시키고 싶을 경우, 10계약을 매도하지 않고 절반인 5계약 정도만 해지하면 나머지 5계약에 해당하는 5,000만 원은 환율변동위험에 노출시켜 통화가치가 상승할 경우 수익을 노리는 전략이 됩니다. 그러나 생각과 달리 통화가치가 하락하게 되면 그만큼 손실을 감수해야 합니다.

② **통화옵션을 이용하는 경우**

통화옵션도 통화선물과 마찬가지로 우리나라 한국거래소에서 거래가 가능합니다. 옵션은 선물과 비교해서 조금 다른 모습을 보이는 헤지 방법입니다. 역시 통화옵션의 경우에도 해외투자를 할 경우 외국통화를 매수해서 보유하는 것과 마찬가지이므로 이때는 통화풋옵션Currency Put Option을 매수하는 전략을 펼쳐야 합니다. 현재 한국거래소에서는 미국달러 옵션만 거래가 되는 상황이므로 미국주식시장에 투자하는 사람들은 옵션을 통한 헤지가 가능하지만, 다른 나라 주식시장에 투자하는 투자자는 적절한 헤지 방법을 찾아야 합니다. 예를 들어 중국시장에 투자하는 투자자라면 중국위안화 옵션이 거래되는 시장에서 헤지 방법을 찾아야 합니다.

현재 한국거래소의 미국달러 옵션의 경우도 1계약의 가치가 계약당 1만 달러입니다. 따라서 현재 원-달러 환율이 달러당 1,000원이고 1억 원을 투자한다면 달러풋옵션 10계약을 매수해 헤지가 가능합니다.

그럼 통화선물을 매도해서 헤지하는 경우와 통화풋옵션을 이용해서 헤지하는 경우 어떤 차이가 있는지 알아보겠습니다. 통화선물을 매도해서 헤지하는 경우에는 혹시 해외통화의 가치가 상승하더라도 그 상승에 따른 이익을 포기하고, 가치 하락으로 인한 손실 회피하게 됩니다.

그러나 옵션은 선물과 달리 나에게 유리한 상황이 오면 옵션행사를 포기하고, 나에게 불리한 상황이 오면 옵션행사를 하면 됩니다. 예를 들어 미국달러화를 매수했는데, 달러의 가치가 올라가면 나에게 유리한 상황이 됩니다. 이때는 풋옵션행사를 포기해서 미국달러 가치상승을 얻으면 됩니다. 그러나 반대로 미국달러 가치가 하락하면 풋옵션을 행사해서 미국달러 가치하락을 방어하면 됩니다.

이렇게 통화옵션을 이용하면 보다 효과적으로 환율변동위험을 헤지할 수 있게 됩니다.

해외주식투자 계좌 만들기

1) 해외주식투자 사전 준비

해외주식에 투자하기 위해서는 계좌를 개설하고, 해외증권약정 및 해외주식매매 서비스 신청을 해야 하며, 원화 및 외화를 입금하고, 환전을 하고, 매매하는 과정을 거치게 됩니다. 이 과정을 간략히 살펴보면 다음과 같습니다.

계좌개설 절차

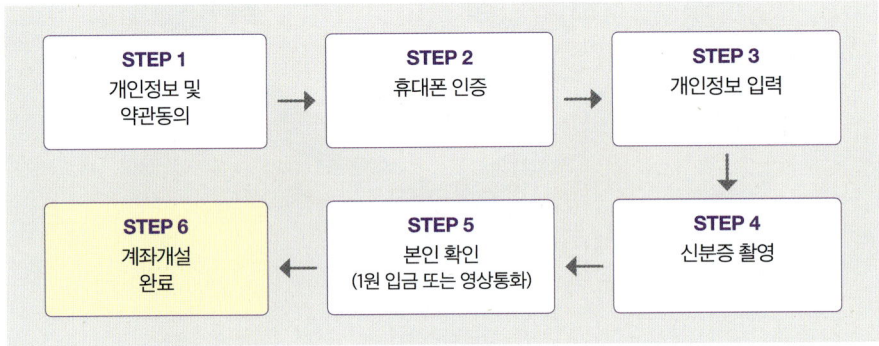

(1) 계좌개설하기

해외주식투자를 하기 위해 무엇보다 필요한 것이 바로 계좌개설입니다. 계좌개설은 증권사 영업점을 방문하면 가능합니다. 그러나 해외주식투자를 하기 위한 전용계좌가 필요한 것이 아니므로 일반적인 증권계좌를 개설하거나 사용하면 됩니다.

영업점을 방문할 때 본인이 직접 방문하는 것이 가능하다면 본인 신분증과 도장(서명도 가능)을 지참하면 됩니다. 그러나 본인이 직접 가지 못하고 대리인이 대신 개설하는 경우는 대리인의 신분증과 계좌개설명의인의 신분증과 도장이 필요합니다. 이때 만약 대리인이 직계가족인 경우 가족관계증명서를 지참하면 되고, 그렇지 않고 일반대리인이라면 개좌개설명의인의 인감증명서를 지참하고 가야 개설이 가능합니다.

영업점을 방문해서 계좌를 개설할 때 필요한 서류는 다음과 같습니다.

▼ 개인 계좌개설 시 필요서류 안내

구분		개인				비고
		본인	미성년자	대리인		
			법정대리인	직계가족	일반대리인	
신분증	본인	O	기본증명서 (친권자표기)	O	O	
	대리인		O	O	O	
도장	본인	O	O	O	O	
	대리인					
가족관계증명서			O	O		
인감증명서					O	3개월 이내 발급분 (실명번호 모두 표기)

(2) 외화증권 약정 및 해외주식매매 서비스 약정

개설한 일반 증권계좌에 외환거래 및 해외주식매매를 위한 서비스를 신청하고 약정해야 합니다. HTS나 MTS에서 해당 메뉴를 찾아 약관에 동의를 하면 바로 외화 및 해외주식 서비스 이용이 가능합니다.

(3) 원화 및 외화 입금

해외주식 거래에 필요한 예수금을 입금해야 합니다. 이때 원화로 입금하면 환전이라는 과정을 거쳐야 하고, 외화를 바로 입금하면 사용이 가능합니다.

(4) 환전

미국뿐 아니라 해외투자인 경우 해당국의 통화로 환전을 해야 합니다. 그러나 환전의 과정을 거치지 않고 원화로 바로 주문하면 결제시점의 환율로 자동으로 환전돼서 결제가 되기도 합니다.

(5) 매매

보유한 예수금 내에서 종목을 검색한 후 HTS나 MTS, 오프라인을 통해 매매를 하면 됩니다. 다만 주문방식에 따라 매매수수료가 달라질 수 있으니 수수료 관련 내용을 사전에 반드시 확인해야 합니다.

2) 비대면으로 해외주식 계좌 만들기

최근 계좌개설은 비대면으로 개설하는 것이 일반적입니다. 물론 비대면 개설이 불편한 분은 영업점이나 은행을 방문해 계좌개설을 해도 됩니다. 비대면으로 계좌를 개설하는 절차를 살펴보면 다음과 같습니다.

비대면 계좌개설 절차

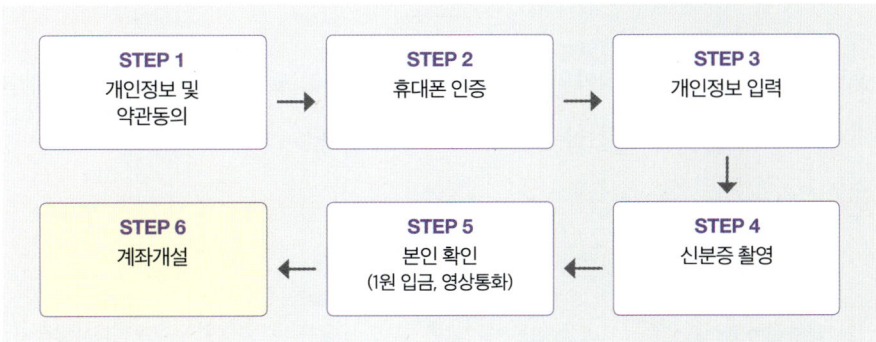

증권회사 홈페이지에서 비대면으로 개좌를 개설하기 위해서는 먼저 휴대폰 인증을 받아야 합니다. 다음과 같이 전화번호를 입력하면 인증메시지가 휴대폰으로 전송됩니다.

휴대폰으로 인증메시지를 받아 링크를 클릭하면 계좌개설앱을 내려받을 수 있는 앱스토어로 연결됩니다. 그러면 앱을 내려받아 계좌개설 절차를 진행하면 됩니다.

3) 은행 방문으로 계좌개설하기

증권사들은 영업점 방문 이외에 주요 은행과 제휴를 맺어 은행에서도 계좌개설이 가능합니다. 그 절차를 살펴보면 다음과 같습니다.

계좌개설 절차

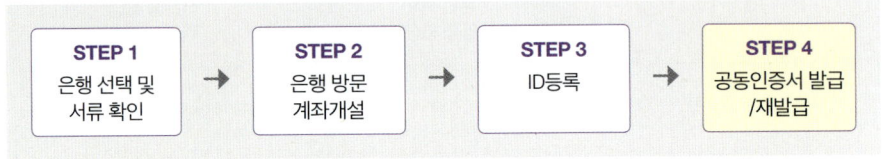

4) 주식 연결계좌 개설하기

해외주식투자를 할 때 기존 계좌를 가지고 있는 경우 반드시 새로 계좌개설을 해야 하는 것은 아닙니다. 기존 주식계좌에서 연결계좌를 설정하면 해외주식투자가 가능합니다. 그 절차는 다음과 같습니다.

온라인 연결계좌 개설 절차

기존 주식계좌가 있는 경우 증권회사 홈페이지에서 연결상품을 선택할 때 해외주식을 선택하면 계좌연결이 진행됩니다.

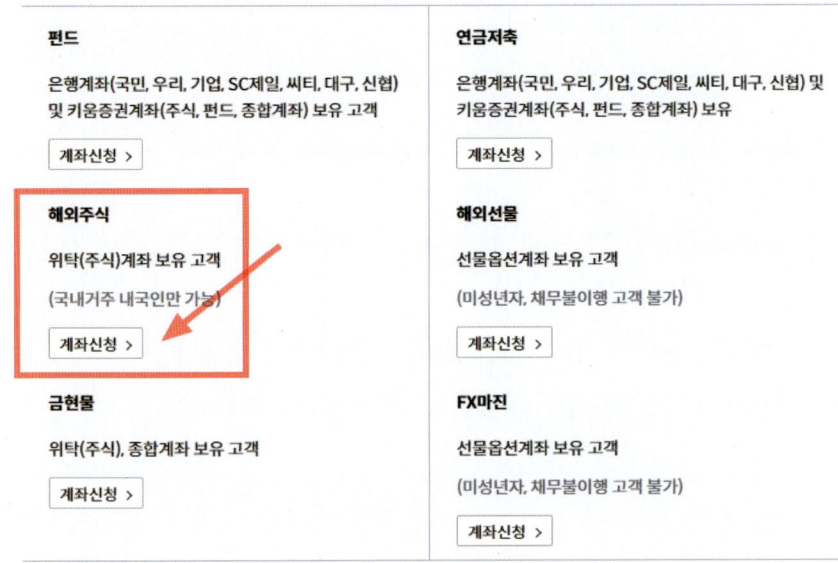

온라인 연결 가능 상품 메뉴에서 해외주식 계좌신청을 누르면 다음과 같이 로그인 화면으로 이동하게 됩니다. 이때 공동인증서로 로그인하든지 아니면 아이디로 로그인을 하면 됩니다.

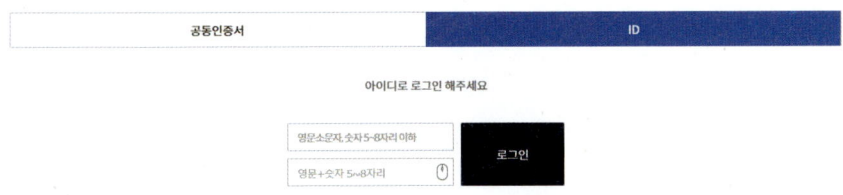

로그인을 하고, 해외주식 매매거래계좌 설정 약관과 해외주식 거래설명서, 그리고 위험고지에 대한 내용이 나오면 그림과 같이 내용보기와 동의를 누르면 됩니다.

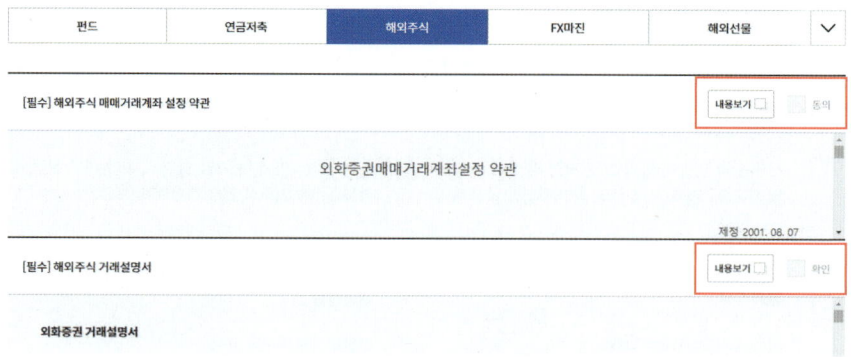

약관에 대한 동의가 이루어지면 본인의 계좌번호와 성명이 나타나는데, 이를 확인한 이후 비밀번호를 입력하면 연결계좌 설정이 완료됩니다.

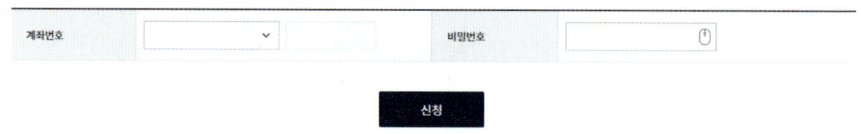

연결계좌 설정이 완료되면 본인의 해외주식계좌가 만들어지고 이를 이용해서 해외주식투자가 가능하게 됩니다.

02

해외주식 HTS & MTS 시작하기

1) 해외주식투자 전용 HTS & MTS 내려받기

해외주식투자를 하기 위해서는 해외주식투자 전용 HTS와 MTS를 다운로드해야 합니다.

(1) HTS 내려받기

HTS와 MTS의 기능을 보면 대부분의 기능은 HTS에서 실행됩니다. 그리고 그중 중요하고 핵심적인 기능이 MTS에서 실행된다고 보시면 됩니다. 따라서 HTS를 기본으로 설명하고 이를 구현하고 있는 MTS를 보조적으로 설명하도록 하겠습니다.

그럼 먼저 HTS를 내려받는 방법을 알아보도록 하겠습니다. 증권사는 일반투자자가 가장 많이 사용하는 키움증권을 예로 들겠습니다.

① 증권사 홈페이지 방문

키움증권 홈페이지를 방문하면 '트레이딩 채널'이라는 메뉴가 나옵니다. 증권

매매에 필요한 HTS 등을 내려받을 수 있는 곳입니다.

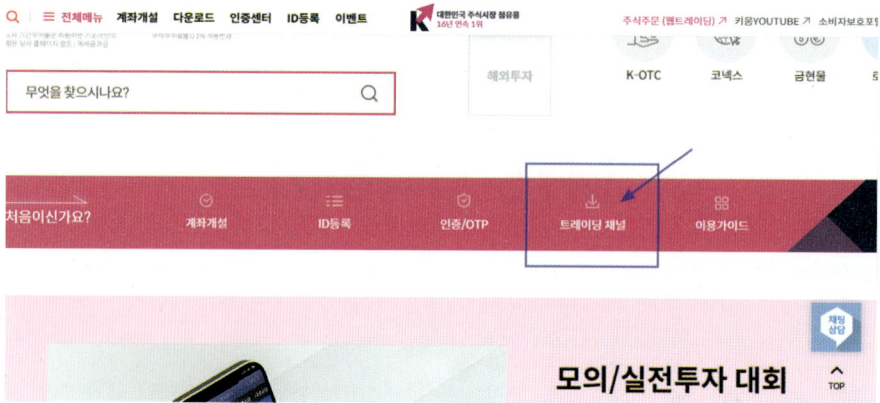

트레이딩 채널을 클릭하면 여러 가지 HTS가 소개됩니다. 그중 해외주식투자를 하기 위해서는 '영웅문글로벌(영웅문Global)'을 내려받아야 합니다. 그림과 같이 다운로드를 클릭하면 자동으로 다운로드되고 설치가 됩니다.

② 영웅문글로벌 로그인

영웅문글로벌을 내려받고 나면 컴퓨터 바탕화면에 영웅문글로벌 아이콘이 자동으로 생성됩니다. 그 아이콘을 클릭하면 다음과 같은 로그인 화면이 나타납니다.

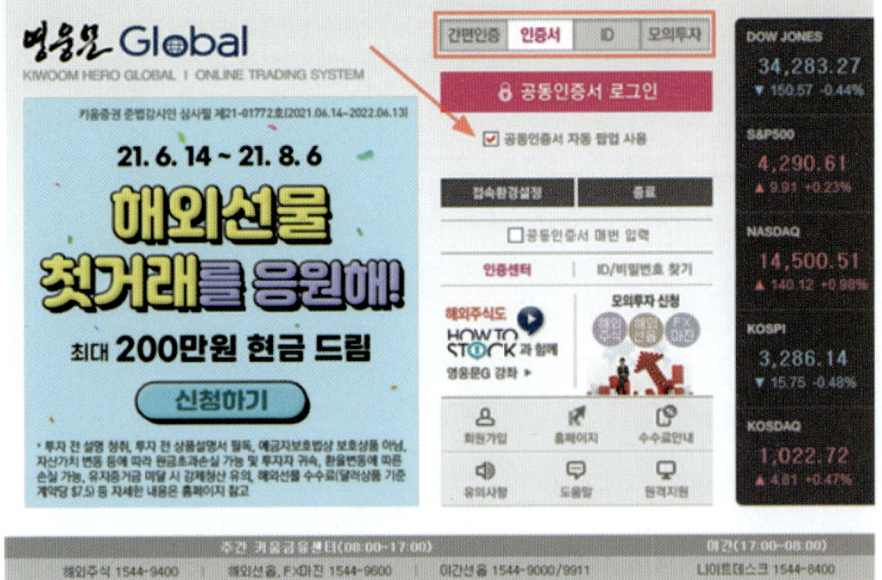

이 그림처럼 로그인을 할 수 있는 방법은 간편인증, 공동인증서, ID와 비밀번호 입력이 있습니다. 지금은 공동인증서 로그인으로 설정되어 있는데요. '공동인증서 자동 팝업 사용'에 체크를 하면 공동인증서를 사용할 수 있는 팝업창이 자동으로 나타나게 됩니다.

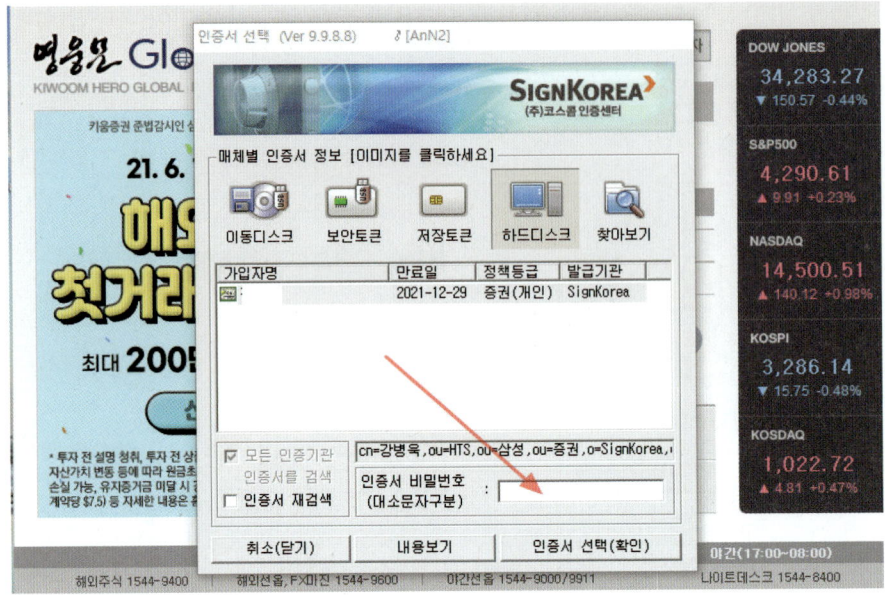

공동인증서 비밀번호를 입력하면 로그인이 됩니다.

2) HTS 주요 기능 소개 및 화면 만들기

영웅문글로벌의 로그인이 완료되면 다음과 같은 화면이 나타나는데 그 주요 부분은 그림에서와 같이 메뉴, 메뉴툴바, 가상화면 등으로 불립니다. 가상화면은 기본적으로 8개로 설정되어 있지만 필요에 따라 개수를 조정할 수 있습니다. 가상화면은 예를 들어 1번에는 미국주식, 2번에는 중국주식, 3번에는 일본주식과 관련된 내용을 정리해놓을 수 있는 유용한 기능입니다.

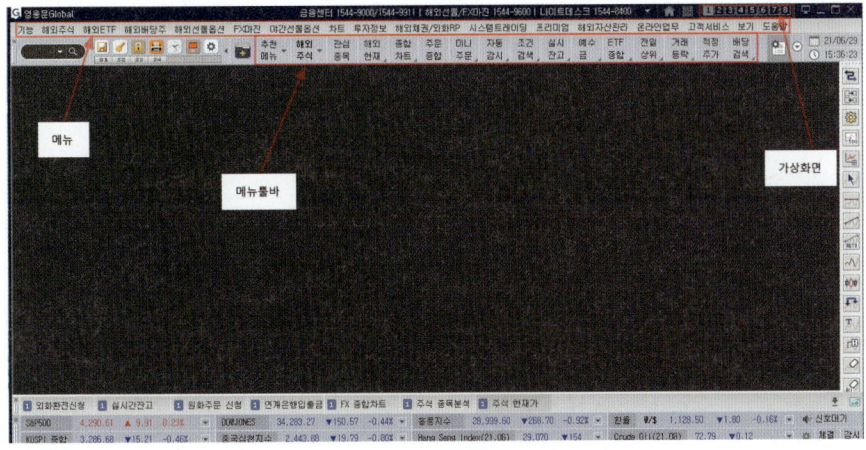

(1) 현재가 확인하기

투자자들이 가장 궁금해하는 것은 바로 가격동향이고, 내가 투자하려고 하는 주식의 가격을 가장 잘 볼 수 있는 곳이 현재가 화면입니다.

현재가 화면에서는 종목명과 코드, 소속부에 대해 알아볼 수 있고, 주가동향과 시가총액 및 발행주식수, 주식에 대한 기본사항을 파악할 수 있습니다. 그리고 가격은 USD(달러)와 원화(₩)로 알아볼 수 있습니다.

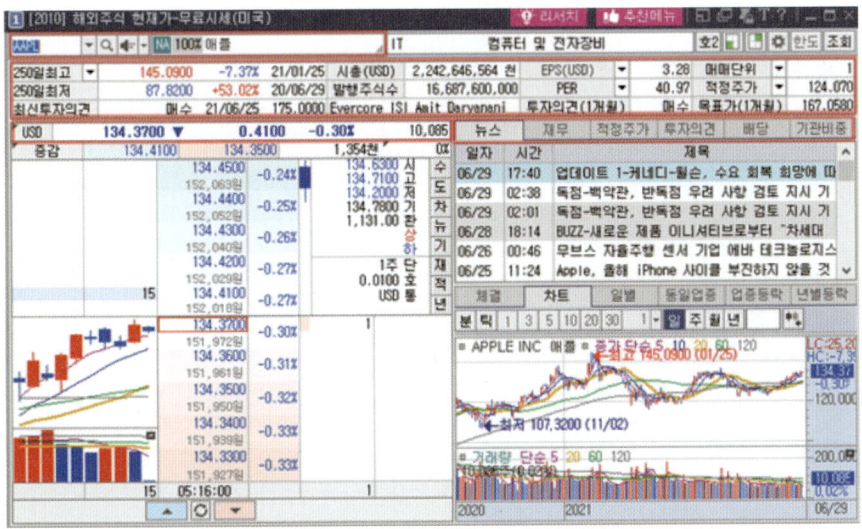

제2장 / 해외주식투자 시작하기 53

종목을 어떻게 검색할지 고민하는 사람들이 있는데, 그럴 필요 없습니다. 현재가 화면 코드 옆에 있는 돋보기 아이콘을 클릭하면 다음과 같은 창이 나타납니다.

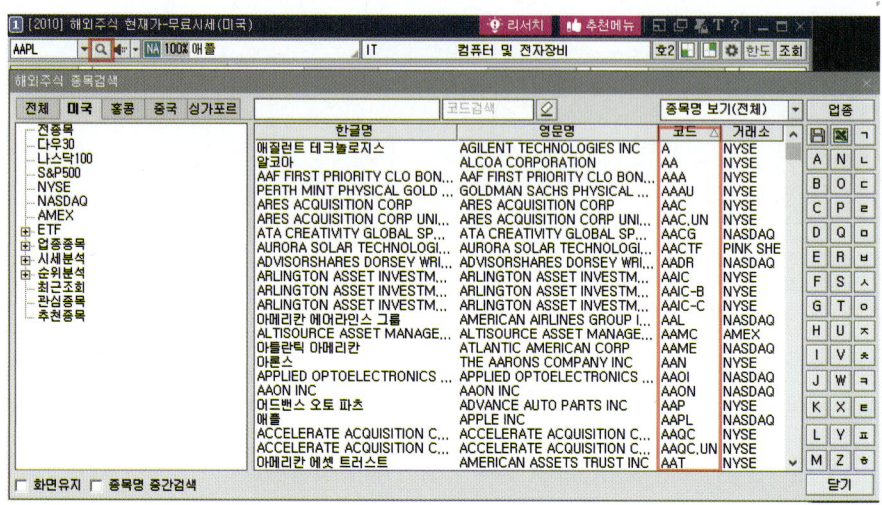

종목검색에서는 미국, 홍콩, 중국, 싱가포르 시장에 상장된 종목을 검색할 수 있습니다. 검색은 코드명이나 코드번호를 알면 간단하지만, 코드명을 몰라도 한글명이나 영문명으로 검색이 가능합니다. 이렇게 검색한 종목을 더블클릭하면 현재가 화면에 그 회사에 대한 정보가 나타나게 됩니다.

회사에 대한 정보에는 시가총액, 발행주식수, 그리고 EPS(주당순이익), PER(주가수익비율), 투자의견 및 적정주가 등이 포함되어 있습니다.

(2) 주식 주문 화면 이용하기

해외주식을 매매하기 위해서는 주식 주문 화면을 통해서 해야 합니다. 주식 주문 화면을 통해서 주식매수와 매도, 주문의 정정 및 취소가 가능합니다.

주식 주문 화면(2220)은 다음과 같습니다.

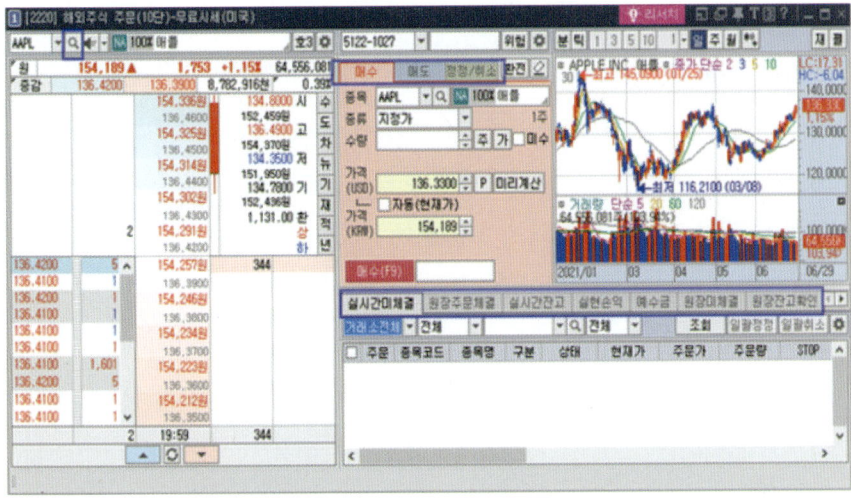

　주식 주문 화면을 보면 종목명 옆에 있는 돋보기 모양의 아이콘으로 종목을 검색할 수 있고 매수, 매도, 정정/취소 주문을 할 수 있는 창도 구분되어 있습니다. 주문은 종목명, 수량, 가격을 기입하고 나서 매수, 매도, 정정/취소 버튼을 누르면 됩니다.

　특히 종목을 검색할 때 각 시장별로도 종목검색이 가능하지만, 업종별로 구분해서 볼 수도 있습니다. 특정 업종을 클릭하면 시장 구분 없이 그 업종에 속한 기업을 모두 검색할 수 있어 편리를 추구하고 있습니다.

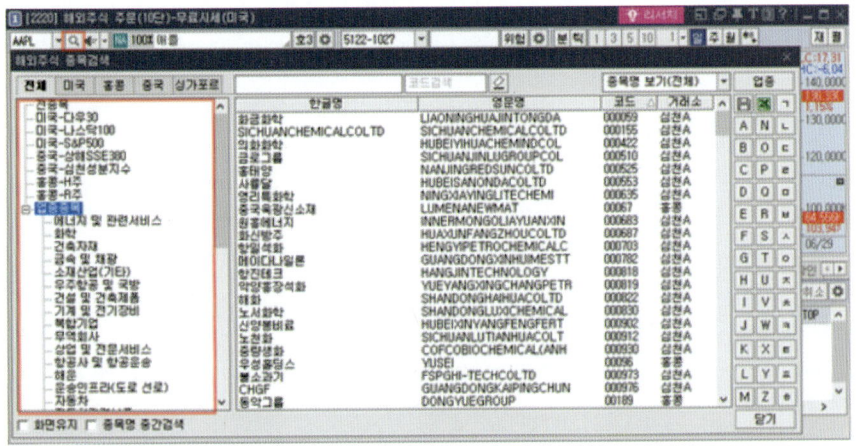

제2장 / 해외주식투자 시작하기　55

해외주식을 주문할 경우 주문의 종류가 6개로 구분되어 있는데 각 주문 방법의 의미를 살펴보면 다음과 같습니다.

① **지정가주문**: 지정가주문은 가격과 수량을 지정해서 주문하는 겁니다. 예를 들어 애플의 경우 133.66$에 1주를 매수하는 주문을 내면 애플의 매수는 133.66$ 이하에서 체결되어야 합니다. 그렇지 않고 133.67$이상에서 체결될 수 없는 주문이 바로 지정가주문입니다. 같은 가격으로 매도를 하게 되면 133.66$ 이상에서 체결되면 됩니다. 그렇지 않고 133.65$ 이하는 체결될 수 없는 주문입니다. 그래서 지정가주문을 가격제한을 걸어둔다는 의미로 limit order라고 합니다.

② **시장가주문**: 시장가주문은 수량은 지정하지만, 가격은 지정하지 않는 주문을 말합니다. 따라서 매수 또는 매도 시 주문한 수량이 모두 체결될 때까지 가격을 올려서 매수하거나 가격을 내려서 매도하는 방법입니다. 시장가주문이라고 하는 이유는 이 주문을 market order라고 부르기 때문입니다.

③ **After지정가주문**: After지정가 주문은 정규시장에 주문을 한 경우 정규시간이 끝나고 애프터시장(시간외시장)에서도 거래가 가능한 주문을 말합니다. 정규시장이 끝나고 애프터시장(서머타임 적용 시 한국시간 새벽5~6시)에서도 지정된 가격으로 주식거래를 할 때 사용하는 주문입니다.

④ **LOC** Limit on Close : 종가가 지정한 가격과 동일하거나 유리한 가격일 경우에만 체결되는 주문입니다. 예를 들어 애플의 현재가가 133.66$에 거래되고 있지만, 133.00$ 이하에서 매수하고 싶을 때 LOC주문으로 133.00$로 가격을 지정하면 애플의 종가가 133.00$ 이하에서 마감할 때에 한해서 체결이 이루어집니

다. 주식을 싸게 사기 위해 밤새워 시장을 보고 있지 않아도 되는 편리한 주문 방법입니다.

⑤ **VWAP** Volume Weighted Average Price (수량분할주문), **TWAP** Time Weighted Average Price (시간분할주문): 이들 주문 방법은 장중 현지브로커가 거래량 추이에 따라 분할하여 거래하거나 과거 거래시간을 분석해서 분할해 거래하는 방법입니다. 둘 다 특정 가격이 아니라 장중에 형성된 가격 중 평균 단가를 맞추는 거래 방법인데, 1,000주 이상인 경우에 주문이 가능하기 때문에 일반인이 사용하기는 어려운 주문 방법입니다.

(3) 관심종목 구성하기

해외주식투자를 할 때 투자자 본인에게 맞는 관심종목을 골라서 한눈에 볼 수 있는 화면을 만들어놓는 것은 매우 중요합니다. 본인에게 맞는 관심종목 화면을 구성하는 방법을 살펴보면 다음과 같습니다.

① 관심종목 셀 분할

먼저 메뉴툴바에서 관심종목을 클릭하면 다음과 같은 화면이 나타납니다.

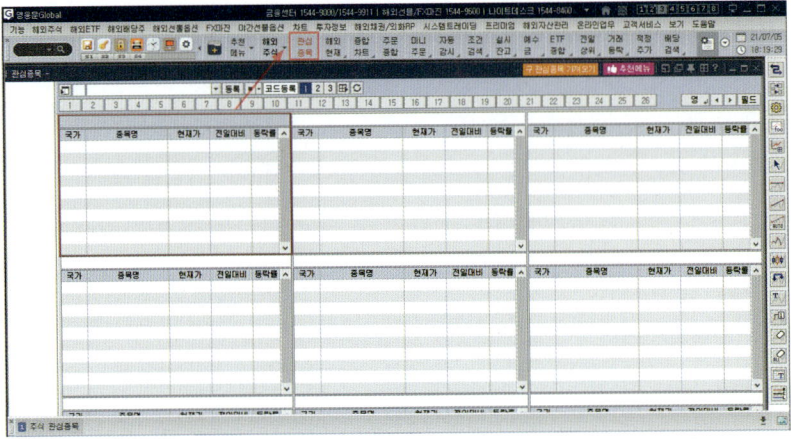

그다음은 관심종목의 셀을 몇 칸으로 할 것인지를 정해서 구성해야 하는데 자신이 가지고 있는 모니터의 화면 크기에 맞춰서 설정하면 됩니다. 다음 그림에서와 같이 격자모양의 아이콘을 마우스로 조작해서 내가 원하는 칸 수를 정할 수 있습니다. 지금은 '3×3' 9칸의 화면을 구성하는 예를 보여줍니다.

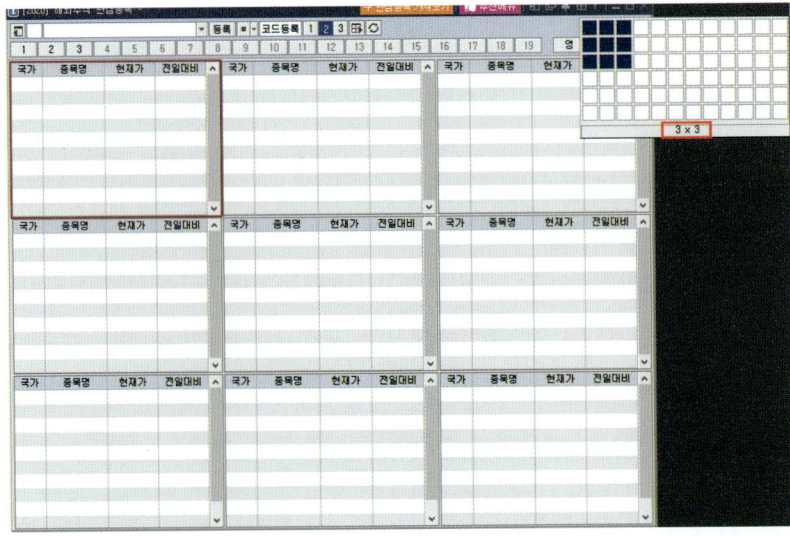

② 관심종목 등록

관심종목을 등록하기 위해 등록 버튼을 누르면 다음과 같은 창이 나타납니다. 이때 관심종목을 그룹화하기 위해서 종목등록 탭 바로 밑에 있는 새그룹을 클릭하면 그룹을 만들어나갈 수 있습니다. 내가 만들고자 하는 그룹을 새그룹으로 원하는 만큼 생성할 수 있습니다.

다음의 예에서와 같이 '다우30' 그룹을 만들어놓은 다음 종목 설정을 위해 '등록할 종목 선택' 아래 미국을 선택하고 '다우30'을 클릭하면 다우30종목이 나타납니다. 그리고 전체 버튼을 누르면 종목이 추가됩니다. 마지막으로 적용과 확인 버튼을 누르면 종목 등록이 완료됩니다. 나머지 관심종목 그룹도 이처럼 반복해 등록하면 됩니다.

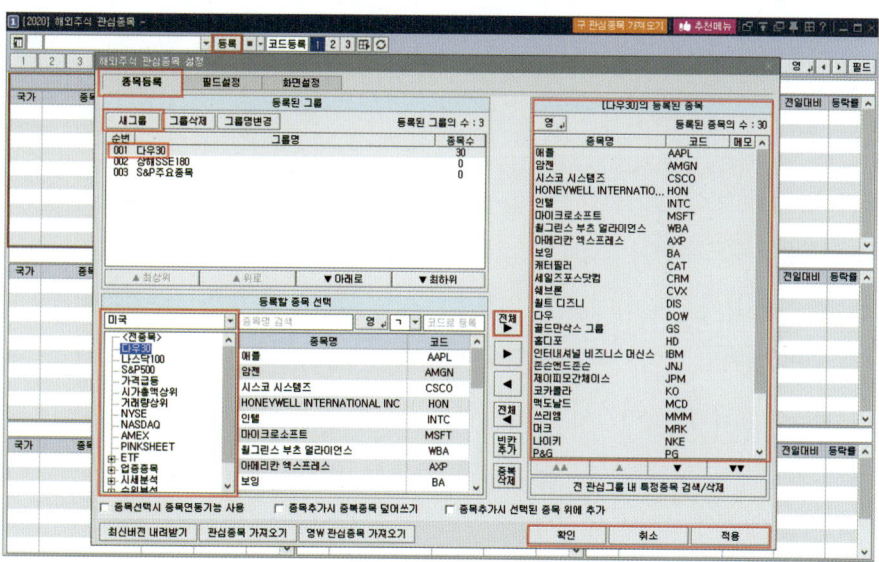

관심종목에 등록할 종목을 등록 화면을 통해서 찾는 것이 번거로운 작업이 될 수 있습니다. 종목을 검색하는 것은 다음과 같이 할 수 있습니다.

화살표 표시가 있는 아이콘을 누르면 종목을 검색할 수 있는 창이 나타납니다.

이 창을 통해서 종목을 살펴보고 내가 그룹화하고 싶은 종목이 있을 경우 종목 등록 작업을 하면 작업을 간소화할 수 있습니다.

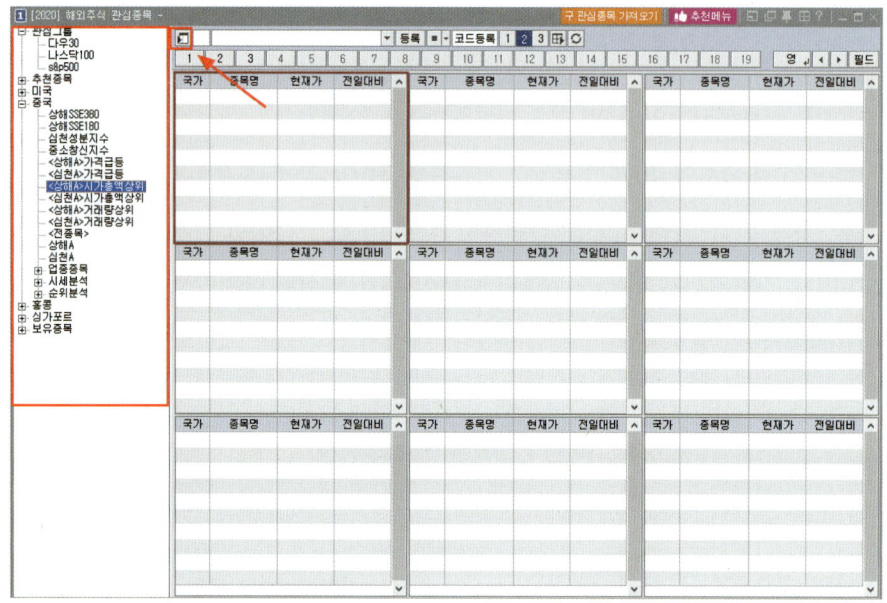

③ 관심종목 필드 설정

관심종목을 보다 간결하게 보기 위해서는 필드 설정을 해야 합니다. 내게 필요한 필드만을 남기고 나머지는 삭제해서 꼭 필요한 정보만 나타나도록 할 수 있는 곳이 '필드설정'입니다. 여기서 필드와 함께 중요한 것은 행 설정입니다. 화면에 보이는 각 셀의 칸 수를 설정하는 것인데, 현재는 10개로 설정해놓고, 나머지는 스크롤바를 내려서 보시면 됩니다.

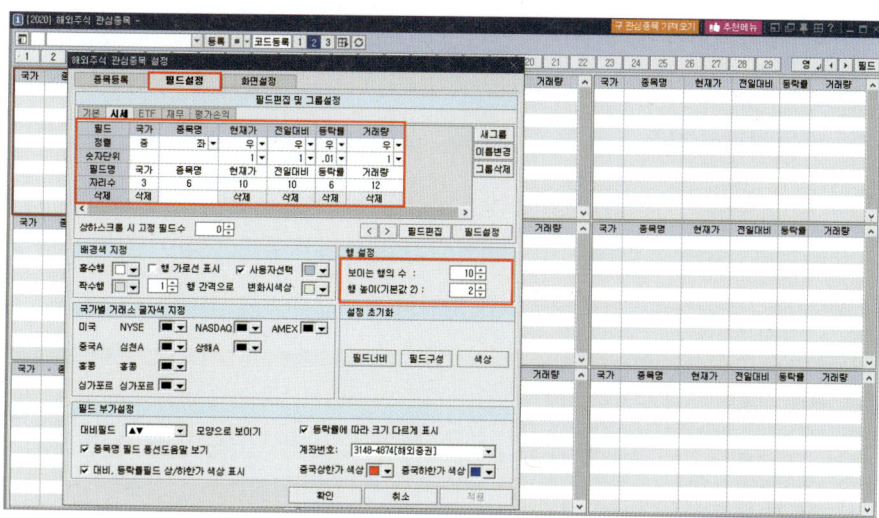

④ 관심종목 화면 설정

관심종목 화면 설정에서도 꼭 필요한 작업이 있습니다. '화면버튼 설정'에서 '그룹정보표시버튼 보이기'를 체크하면 그룹정보가 화면상에 나타나게 됩니다.

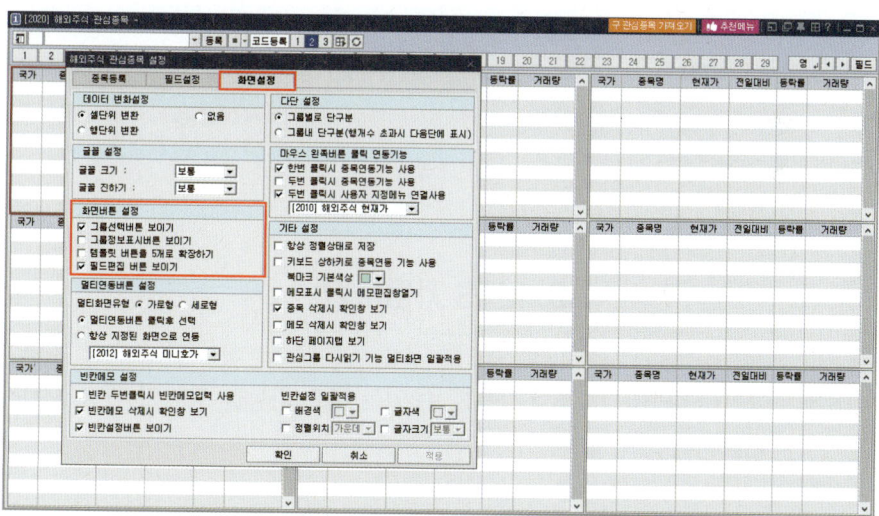

제2장 / 해외주식투자 시작하기 **61**

⑤ 관심종목 설정 완성 화면

관심종목 설정 작업이 완료된 화면을 살펴보면 다음과 같습니다. 설정된 그룹 번호의 셀을 클릭한 다음 누르면 관심종목 그룹의 이름과 함께 해당 종목들이 화면에 나타납니다.

    이렇게 관심종목을 만들고 수정하는 작업을 통해서 투자 대상이 되는 종목들을 관심종목에 올리고 관찰할 수 있게 됩니다.

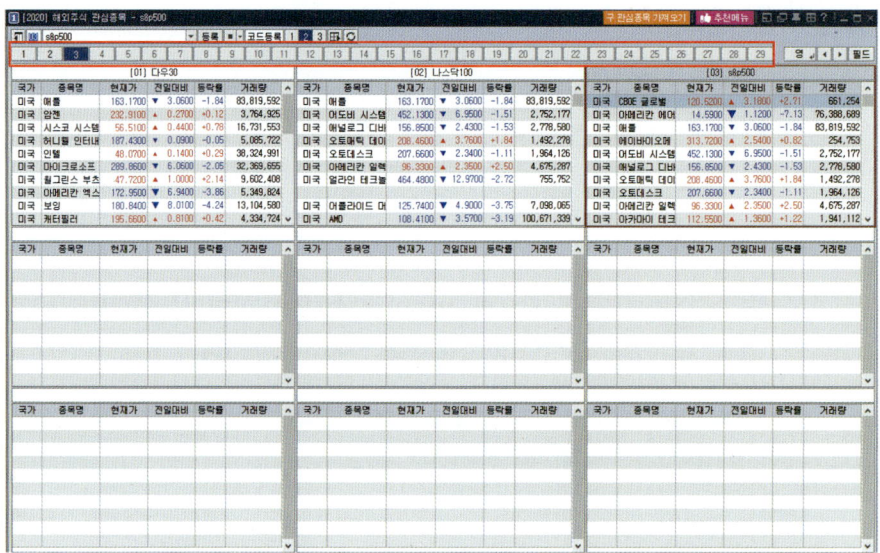

3) MTS 사용하기

MTS에 로그인을 하면 HTS에서 사용할 수 있는 주요 기능을 모바일 환경에서도 사용할 수 있습니다.

(1) MTS 첫 화면

MTS에 로그인을 하면 다음과 같은 첫 화면이 나타납니다.

(2) MTS 현재가 화면

MTS에서 현재가를 확인할 수 있는 화면입니다. 현재가 화면에서는 현재 종목의 가격과 호가 상황을 알 수 있습니다.

(3) MTS 주문 화면

MTS에서 주문을 할 수 있는 화면입니다. 종목명 밑에 매수, 매도, 정정/취소를 할 수 있는 메뉴가 있습니다.

그리고 주문을 할 때 주문의 종류도 다양하게 선택할 수 있습니다.

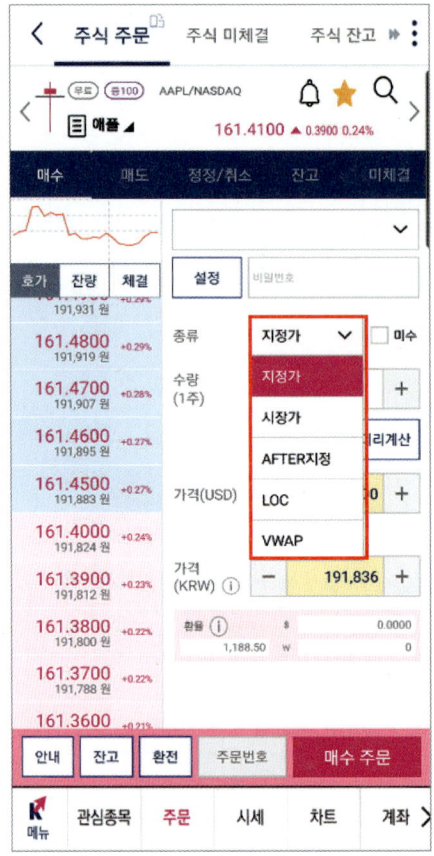

(4) 관심종목 화면

MTS에서도 관심종목을 확인할 수 있습니다. 다만 관심종목의 설정과 편집은 HTS에서 한 것이 연동된다는 점을 기억해야 합니다.

미국의 경제구조 살펴보기

1) 글로벌 소비왕국

미국경제의 위상은 글로벌 GDP의 25%를 차지할 정도로 대단합니다. 그래서 미국경제의 방향과 주식시장의 움직임은 글로벌 주식시장에 커다란 영향을 미칩니다. 다음은 글로벌 Top5의 GDP 비중을 살펴본 것입니다.

순위	1	2	3	4	5
국가	미국	중국	일본	독일	인도
GDP 비중	25%	16%	6%	4%	3%

미국의 경제분석국 BEA; Bureau of Economic Analysis 에서 분석한 미국경제의 구성은 민간소비 68%, 투자지출 17.5%, 순수출 (-)3%, 정부지출 17.5%입니다. 민간소비 비중이 48%에 그치는 우리나라와 비교해보면 미국을 글로벌 소비왕국이라고 말해도 전혀 어색하지 않습니다.

미국이 이렇게 글로벌 소비왕국이 된 것은 기축통화국으로서 무역적자 등을 감내하는 과정에서 전 세계의 소비재가 미국으로 흘러들어갔기 때문입니다.

미국의 민간소비 비중이 높다는 것은 외부경제의 충격에 상대적으로 잘 견딜

힘이 있다는 뜻입니다. 그래서 탄탄한 경제 상황이 이어질 수 있는 것이지요. 그러나 미국 내 민간소비가 줄어들기 시작하면 이는 심각한 경제위기가 올 수도 있다는 말입니다. 예를 들어 미국의 금융위기가 발발했을 때라든지, 코로나19와 같은 비상상황이 발생했을 때 나타난 소비 위축은 일시적으로 경제성장을 뒷걸음치게 만들었습니다. 이를 방지하기 위해서 미국정부는 막대한 현금지출 등 개인소비가 줄어들지 않도록 조치를 취했던 겁니다.

미국은 자국 내 소비가 줄어들지 않는 이상 경제에 빨간불이 들어올 가능성이 적다는 점이 강점이고, 만약의 경우 기축통화의 이점을 살려 소비가 줄어들지 않도록 재정정책을 사용할 수 있다는 점에서 큰 우려를 하지 않아도 됩니다.

2) 스타트업기업의 천국

미국은 전체 유니콘기업(기업가치 10억 달러 이상의 스타트업기업)의 천국으로 글로벌 유니콘기업의 48%를 배출한 1위 국가입니다. 미국 스타트업 생태계의 특징은 독보적인 자금력에 있습니다. 사업 초기 단계에서 성장 단계까지 폭넓게 지원 가능한 투자자, 벤처캐피탈, 기관소액대출 등 다양한 옵션을 통해 자금을 지원하고 있습니다.

미국 스타트업시장의 특징은 다양한 지원 정책으로, 임팩트투자펀드(민간 투자금의 2배 자금 지원), 멘토링, 패스트트랙 특허처리 등을 지원하고 있습니다. 스타트업의 용광로인 주요 지역을 살펴보면 다음과 같습니다.

① 실리콘밸리

실리콘밸리는 명성 그대로 독보적인 스타트업의 중심지입니다. 인터넷 및 모바일 기술의 근원지이며, 클라우드, 인공지능, 자율주행 등 4차 산업혁명의 핵심 기술이 모두 실리콘밸리에서 등장했다고 해도 과언이 아닙니다.

② 뉴욕

뉴욕은 다양성 측면에서 유리한 생태계가 조성되어 있습니다. 뉴욕 광역도시권 기준 170억 달러 펀딩을 받았고, 2019년 기준으로 883건 이상의 벤처캐피탈투자가 이뤄졌습니다. 사업 초기 단계 기업이 펀드자금을 받을 확률이 실리콘밸리에 이어 2위로 높고, 수월하게 투자금을 회수할 수 있습니다. 뉴욕에서는 헬스테크, 웰빙, 교육, 배달과 픽업 같은 생활밀착형 스타트업이 약진하고 있습니다.

뉴욕의 주요 스타트업 현황을 살펴보면 다음과 같습니다.

분야	기업명	업태
핀테크	데이터마이너(Dataminr)	실시간 글로벌 투자정보 제공
인슈어테크	오스카헬스(Oscar Health)	건강보험 및 원격진료 서비스
웰빙테크	펠로톤(Peloton)	실내바이크 스트리밍서비스
헬스케어 및 바이오	슈뢰딩거(Schrödinger)	머신러닝 기반 신약 개발 지원 플랫폼
e-커머스	렛고(Letgo)	온라인 중고 거래 플랫폼

③ 로스앤젤레스 LA

로스앤젤레스의 실리콘비치는 기술·벤처기업이 밀집한 LA 해안지역을 말합니다. 스냅, 틴더, 넷플릭스 등 500개가 넘는 스타트업이 있는 곳입니다.

할리우드가 인근에 있어 엔터테인먼트 산업이 발달해 있고 미국 서부 최대 항만인 롱비치 항만과 LA 항만 인근 지역으로 유통, 물류, 온라인, 오프라인 소비재가 유망 산업으로 거론됩니다. 그 외에 패스트패션, 우주항공, 교통산업이 유망하고 최근에는 액티비전블리자드, 라이엇게임즈 등 e-스포츠 관련 유망 스타트업이 창업했습니다. LA의 주요 스타트업기업은 다음과 같습니다.

기업명	업태	기업명	업태
페어(Fair)	임대차계약 서비스 앱	서비스타이탄(Service Titan)	홈서비스 앱
왜그(Wag)	반려견 산책 및 케어 전문 서비스 앱	집리크루터(ZipRecruiter)	온라인 구직 및 채용 서비스

| 태스크 어스 (Task Us) | 비즈니스 고객관리 시스템 | 사일런스 (Cylance) | 사이버보안 및 관련 서비스 |
| 래디올로지 파트너스 (Radiology Partners) | 방사능 치료와 케어 서비스 | 보링컴퍼니 (The Boring Company) | 지하운송터널 네트워크 |

3) 세계 최고의 기업

미국은 세계 최고의 기업들을 보유한 국가입니다. 다음에서 주식시장 시가총액 기준 세계 10대 기업을 살펴보면 7개 기업이 미국기업임을 알 수 있습니다(2021년 6월 10일 현재 시가총액 기준).

순위	기업명	시가총액	국가
1	애플(Apple)	2조 1,210억 달러	미국
2	마이크로소프트(Microsoft)	1조 9,100억 달러	미국
3	사우디 아람코(Saudi Aramco)	1조 8,880억 달러	사우디아라비아
4	아마존(Amazon)	1조 6,550억 달러	미국
5	구글 알파벳(Alphabet)	1조 6,410억 달러	미국
6	메타(Meta)	9,364억 달러	미국
7	텐센트(Tencent)	7,454억 달러	중국
8	버크셔해서웨이(Berkshire Hathaway)	6,591억 달러	미국
9	알리바바(Alibaba)	5,816억 달러	중국
10	테슬라(Tesla)	5,768억 달러	미국

미국이 보유한 최고의 기업 중 몇몇 기업을 소개하면 다음과 같습니다.

① 애플

애플은 아이폰, 아이패드, 맥, 애플워치 등 다양한 전자제품 및 소프트웨어를 판매하는 회사입니다. 1976년에 창립해 1980년에 나스닥에 상장하였고 2021년 6월 10일 기준 전 세계 상장기업 중 시가총액 1위입니다. 애플의 시가총액은 현재 2조 6,628억 달러로 한화로 3,195조 원가량 됩니다.

애플의 제품라인업은 아이폰, 아이패드, 맥, 애플워치, 애플 소프트웨어로 그 중 매출의 큰 부분을 차지하고 있는 것은 단연 아이폰입니다. 2021년 4분기까지의 스마트폰 점유율 조사 결과 아이폰은 22%를 차지했습니다.

② 마이크로소프트

마이크로소프트는 1975년 4월 4일 창립한 세계 최대의 컴퓨터 소프트웨어 업체이고, 미국 워싱턴 레드먼드에 본사를 두고 있습니다. 세계 1등 부자 빌게이츠가 운영하는 회사였습니다. 지금은 사티아 나델라가 CEO입니다.

마이크로소프트는 클라우드서비스를 통해 부활을 이뤄내고 있습니다. 클라우드서비스란 인터넷으로 연결된 초대형 고성능 컴퓨터(데이터센터)에 소프트웨어와 콘텐츠를 저장해두고 필요할 때마다 꺼내 쓸 수 있는 서비스를 말합니다. 사용자가 스마트폰이나 PC 등을 통해 문서, 음악, 동영상 등 다양한 콘텐츠를 편리하게 이용할 수 있습니다. 현재 클라우드서비스 1위 기업은 아마존입니다. 2021년 3분기 기준 시장 점유율로 보면 아마존웹서비스(33%), 마이크로소프트(20%), 구글(10%) 등의 순서입니다.

③ 아마존

아마존은 1994년 미국 시애틀에서 온라인 서점으로 사업을 시작했고 1988년부터 음반과 의류 그리고 제3자가 자가 상품을 판매할 수 있게끔 판매 영역을 확대하였습니다. 판매 영역이 늘고 이용자가 늘어남에 따라 아마존은 고객이 편리하도록 고객의 신용카드 정보와 주로 쓰는 배송 주소를 단 한 번에 해결하는 '원클릭 주문'으로 특허를 받았습니다. 또한 2007년 일반 아마존 고객이 이용할 수 없거나 추가 비용을 내야만 이용할 수 있는 아마존프라임서비스를 제공하여 구독형 비즈니스 모델의 시작을 알렸고, 이용자의 편리한 구매를 위해 아마존웹서비스(AWS; Amazon Web Service)를 실시하여 높은 수익성과를 거두었습니다. 그리고 2011년 스마트폰 보급률이 늘어남에 따라 기존 아마존 계정으로 이용할 수 있는 앱을 개발하고 동영상 스트리밍서비스를 시작하였습니다.

현재까지도 아마존은 모든 B2B, B2C 산업을 아우르는 다양한 산업 영역을 확대하고 있고 로봇 배송 및 물류 처리 시스템을 개발 중입니다. 빠르게 발전하는 시대에 맞추어 많은 서비스를 제공한 아마존은 최근 10년간 주가가 2,584% 증가하였고 전 세계에서 가장 가치 있는 기업으로 선정되었습니다.

아마존의 핵심 사업 중 클라우드서비스인 아마존웹서비스는 아마존 자사의 데이터베이스와 서비스를 외부에 개방하고 이를 통해 다른 웹사이트에서 가격과 제품 상세 설명 같은 정보를 아마존의 상품 데이터베이스에서 골라서 올린 다음, 아마존의 결제 시스템과 장바구니를 이용할 수 있도록 한 것으로 클라우드서비스에서 시장 점유율 1위를 차지하고 있습니다.

4) 기축통화국의 위엄과 주식시장 동향

미국은 기축통화국입니다. 기축통화국은 화폐주조이익을 적극적으로 누리게 됩니다. 여기서 말하는 화폐주조이익이란 미국통화인 달러화를 무제한으로 발권할 수 있는 이익을 말합니다. 미국은 경제위기나 코로나19와 같은 긴급사태가 발생하면 중앙은행으로부터 양적완화라는 명목으로 막대한 통화를 시중에 풀어 자금 경색을 없애고, 이를 바탕으로 경제위기에서 벗어납니다.

특히 2007~2008년 사이 나타난 미국의 금융위기, 그리고 2020년 3월 이후 급격히 확산된 코로나19 팬데믹 국면에서 미국은 기축통화국의 이점을 살려 막대한 돈을 풀어 경제위기를 막았습니다. 미국이 얼마나 많은 돈을 풀었는지는 중앙은행인 연방준비제도(연준)의 대차대조표 총자산규모를 통해서 알아볼 수 있습니다.

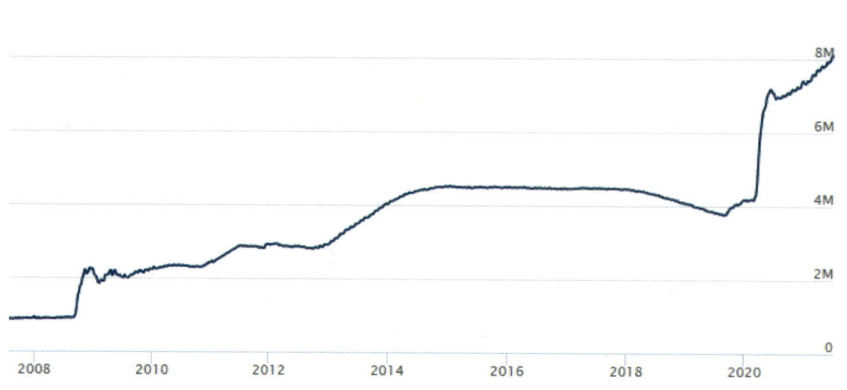

출처: 미국 연방준비제도 이사회

그림에서 보는 바와 같이 미국 연준은 2007년 7월 금융위기가 발생한 이후 10년 동안 양적완화를 실시해 자산 규모를 8,700억 달러에서 2018년 12월 4조 4,480억 달러까지 확대시켰습니다. 본원통화, 즉 돈을 5배 이상 더 풀어 위기를 넘겼습니다.

그러나 2020년 코로나19 사태가 본격화하자 재차 돈을 풀었고, 코로나19 이전인 2019년 10월 자산 규모 3조 6,715억 달러는 2021년 6월 7조 9,523억 달러가 되어 추가로 푼 4조 2,800억 달러로 코로나19로 인한 경제위축을 막아냈습니다.

그 결과 미국의 주식시장은 경제위기에도 충격을 딛고 지속적으로 상승하는 모습을 보이면서 사상 최고치 기록을 갈아치웠습니다. 다음은 S&P500지수 동향입니다. 끝없이 오르는 모습을 확인할 수 있습니다.

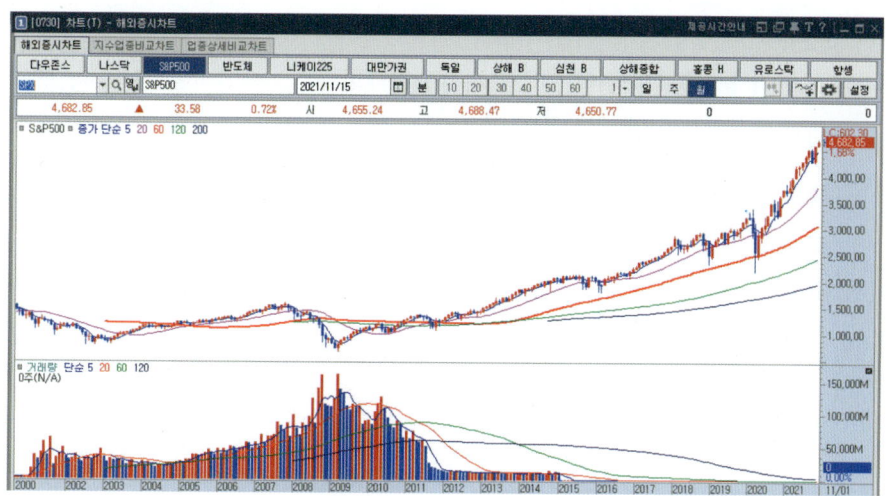

　이렇듯 미국경제는 기축통화국이란 지위를 이용해서 위기 때마다 돈을 풀어 위기를 넘기는 모습을 보이고 있습니다. 그러나 다른 나라는 경제위기가 왔다고 돈을 풀 수 없습니다. 잘못하면 통화가치가 떨어져 외환위기를 겪을 수 있기 때문입니다. 그래서 기축통화국과 비기축통화국의 차이는 엄청난 겁니다.

5) 미국시장에서 꼭 살펴봐야 하는 경제지표

　주식시장에서 주가는 경제지표에 많은 영향을 받게 됩니다. 경제지표가 좋게 나오면 호재로 인식해서 주가가 올라가고, 경제지표가 나쁘게 나오면 악재로 인식해서 주가가 떨어집니다.

　미국경제는 세계에서 제일 큰 규모입니다. 그렇다 보니 발표되는 경제지표의 종류와 숫자가 너무 많아 이를 모두 챙겨 보는 것은 이코노미스트(경제분석가)도 하기 어려운 일입니다.

　미국시장에서 꼭 살펴봐야 하는 경제지표를 분야별로 살펴보면 다음과 같습니다.

(1) 이자율(FOMC 기준금리)

미국 연준의 통화정책회의인 연방공개시장위원회 FOMC; Federal Open Market Committee 에서 결정해서 발표하는 기준금리입니다.

FOMC 회의는 6주 간격으로 1년에 모두 8번 열립니다. 미국은 전 세계 금융시장의 주도권을 가지고 있고, 거의 모든 통화 거래에는 달러화가 포함됩니다. 그동안 미국은 미국의 금융위기로 금리를 계속해서 낮춰왔던 것을 멈추고 금리 인상으로 바꾸고 있어 전 세계의 투자자들이 미국의 금리변화에 주목하고 있습니다.

(2) 비농업 신규 고용률과 실업률 Non-Farm Payrolls & Unemployment Rate

① 비농업 부문 신규 고용

농업 부문을 제외한 미국의 고용량 변화를 보여주는 지표입니다. 미국은 농업부문에 종사하는 사람이 많기도 하고 또 변동성이 커서 주요 지표는 농업 부문은 제외하고 발표하는 경우가 많습니다.

이 지표는 미국 노동부가 200명 이상 노동자를 고용하는 약 25만 개의 비농업 회사를 대상으로 임금 장부 조사 결과를 발표합니다. 미국의 유연한 고용시장으로 인해 경기 상황에 따라 고용지표는 큰 움직임을 보이고 시장에 큰 변동성을 줍니다. 지수 발표 시 시장의 움직임이 가장 큰 지표이므로 각별한 주의가 필요합니다. 고용이 많으면 개인이 받은 임금이 다시 소비를 일으키고 경제를 활성화하게 됩니다.

② 실업률

실업률은 고용지표 중 가장 중요한 지표입니다. 노동할 의사와 능력을 가진 인구 가운데 실업자가 차지하는 비율로써 낮은 실업률은 보다 많은 소득분배로 소비를 이끌어내며 경기를 활성화합니다. 낮은 실업률은 경제성장을 이끌기도 하지만 이로 인해 높은 인플레이션이 발생할 수도 있습니다. 실업률은 경기침체 시 증가합니다. 경기가 부진하면 수익이 부진한 기업이 많은 해고로 종업원을 줄이기 때문입니다. 이 지표는 매달 첫째 주 금요일에 발표됩니다.

(3) 내구재 주문 Durable Goods Orders

내구재란 한 번 쓰고 버리는 물품이 아니라 자동차, 가전제품, 기계제품처럼 3년 이상 쓸 수 있는 내구성제품을 말합니다. 약 5,000개의 제조업체를 표본으로 주문량을 추정하여 작성합니다. 민간 항공기나 국방 부문의 발주량은 수치가 크기 때문에 이를 제외한 소비자 내구재 수주가 시장에 크게 영향을 미칩니다. 제조업의 원활한 정도를 알아볼 수 있고 출하량의 변화를 보면 경기 전환점을 파악할 수 있어 선행지표의 역할을 합니다. 변동성이 크기 때문에 지표 산출을 위해서는 3개월 이동평균선과 전년동월비를 주로 사용합니다. 매달 마지막 주에 발표됩니다.

(4) 국내총생산

국내총생산 GDP 은 경제활동의 가장 광범위한 측정데이터로 미국 내에서 이루어진 개인, 기업 및 정부기관이 일정 기간 동안 생산활동에 참가해 만들어낸 상품과 서비스의 부가가치를 시장 가격으로 평가한 것으로서 4가지 구성요소인 개인소비 Consumption, 기업투자 Investment, 정부구매 Government purchase, 순수출 Net Export 로 이루어집니다. 개인소비는 GDP의 2/3를 넘는 큰 비중을 차지합니다. GDP는 매 분기 3개월 동안 3번에 걸쳐 한 달 간격으로 수치가 계속 개정되어 발표되고 GDP 자체가 시장에 큰 영향을 준다기보다는 GDP 중에서도 물가지수, 개인소비, 기업과 개인의 투자 같은 항목이 현재 경제의 흐름을 반영하고 있다는 점에서 시장의 관심을 받게 됩니다. GDP 수치 자체보다는 전문가들의 예상치를 얼마나 빗나가는가에 따라 시장의 반응이 다르게 나타납니다. 분기를 기준으로 매달 마지막 주에 순차적으로 예비치, 수정치, 확정치가 발표됩니다.

(5) 소비자물가지수

인플레이션을 측정하기 위한 가장 대표적인 지표인 소비자물가지수CPI; Consumer Price Index는 소비자가 구입한 특정 상품 및 서비스 상품의 평균 물가 수준을 측정한 것으로, 물가상승률(인플레이션)을 측정하기 위한 척도로 가장 광범위하게 사용됩니다. CPI의 월간 변화는 인플레이션 증감률을 대표합니다. 다른 나라와는 다르게 분기별로 발표되기 때문에, 매월 발표되는 인플레이션 예상치가 CPI지표 추정에 도움이 됩니다. 정부에서는 CPI를 이용해 사회보장프로그램에, 민간기업에서는 급여 인상의 기초자료로 사용하기도 합니다. 일반적으로 인플레는 상품 및 서비스 가격의 상승을 의미하고, 금리는 물가상승률에 따라 결정되기 때문에, 물가가 오를 경우 금리 역시 오른다고 보는 것이 타당합니다. CPI는 현재까지 핵심적인 물가지표로 자리매김하고 있습니다. 매달 15일 전후로 전월치가 발표됩니다.

(6) 생산자물가지수

생산자물가지수Producer Price Index가 관심을 끄는 것은 제품 원가상승이 물가상승으로 연결되기 때문입니다. 완성된 제품의 공장도 가격이 상승하면 제품 판매 가격의 인상으로 이어지고, 이에 따른 물가상승이 금리인상으로 바로 이어지는 경우가 많기 때문입니다. 금리인상은 소비를 위축시키는 원인이 되기 때문에 생산자물가지수는 관심을 두어야 할 지표입니다. 매달 두 번째 주 금요일에 발표됩니다.

(7) 소매판매

소매판매Retail Sales는 소비자의 소비 패턴을 빠르게 파악할 수 있는 지수로서 내구재와 비내구재를 포함한 소매업 판매량의 월별 변화율을 측정한 것입니다. 개인 소비 지출은 미국 GDP의 2/3를 차지할 정도로 비중이 크기 때문에 미국경제의 상황을 알 수 있는 실질적 지표입니다. 그렇기에 소매판매량이 전달에 비해 증가를 했는지 여부에 따라 주가도 민감하게 반응합니다. 소매판매지수가 전문가의 예상치를 상회할 경우 주식시장이 강세를 보이게 되고, 반대의 경우 주식시장이 약세를 보이게 됩니다. 매월 14일 전후 전월치가 발표됩니다.

(8) ISM제조업지수 ISM Manufacturing Index

ISM은 미국의 공급관리자협회 The Institute of Supply Management 를 말합니다. ISM지수는 50개 주 전체에서 20개 산업에 있는 400개 기업을 대상으로 조사됩니다. ISM지수가 미국의 장기 경기침체로 인해 계속해서 하락세를 유지하고 있지만, 그럼에도 불구하고 중요한 지표로 각광받는 이유는 제조업이 전체 경기를 주도하는 산업이기에 현재 산업 경기 및 업황 파악이 용이하기 때문입니다. ISM지수의 침체는 곧 경기침체로 이어지기에 ISM지수의 상승 소식은 미국 경기회복의 신호탄이 될 것이라는 기대감을 불어넣어 주식시장이 강세를 보이게 됩니다. 일반적으로 ISM제조업지수는 50을 기준으로 하여 이 지수가 40 이하일 경우 경기침체로, 지수가 60 이상일 경우 경기과열로 판단합니다. ISM지수는 경기선행지수의 성격을 갖고 있어 이를 통해 아직 발표되지 않은 다른 경제지표의 결과를 사전에 예측할 수 있게 해줍니다. 매월 2~3일경 발표됩니다.

(9) 기존 주택 판매 Existing Home Sales

기존 주택의 구입자들은 주택 구입과 더불어 가전제품과 같은 소비재를 구매하기 때문에 산업 전체에 순방향으로 파급 효과를 미치게 됩니다. 금리가 변동될 경우 기존 주택 판매량은 민감하게 반응하는데, 금리가 상승하면 신규로 주택을 구입하려는 사람은 모기지 mortgage 에 대한 이자 부담 등으로 주택 구입 자체를 포기할 수밖에 없기 때문입니다. 또한 기존 주택 판매량은 금리에 따른 월별 등락률이 큰 지표 중에 하나입니다. 매월 14~26일 사이에 발표됩니다.

(10) 신규 주택 판매 New Home Sales

신규 주택 판매는 주택 구입자가 은행에서 모기지 융자를 받아서 구입하는 경우가 대부분이므로 기존 주택 판매 건수보다 금리 변화에 상당히 민감하게 반응하기에 월별로 등락이 크며 또 신규 주택시장은 갑작스러운 기후변동, 혹한으로 급격하게 냉각될 수 있어 시장에서는 단발성 지표로 인식됩니다. 상식적으로 기존 주택이 먼저 매매되고, 신규 주택은 뒤에 매매되는 경향을 보입니다. 매월 25~31일 사이에 발표됩니다.

(11) 소비자신뢰지수 Consumer Confidence Index

미국의 민간 조사그룹인 컨퍼런스보드 Conference Board 에서 매월 마지막 화요일 오전 10시에 발표하는 지수로, 미국의 경제 상태를 나타내는 경기선행지수의 하나입니다. 미국의 통화정책을 결정할 때 통화 당국자들이 가장 관심을 두는 경제지표 가운데 하나로, 현재의 지역경제 상황과 고용 상태, 6개월 후의 지역경제, 고용 및 가계 수입에 대한 전망 등을 조사해 발표합니다. 소비자신뢰지수가 상승하면 발표 당일 주식시장에서는 상승요인으로 작용하고, 하락하면 반대 현상을 보이는 것이 일반적입니다.

미국주식시장의 구성

1) 장내시장

① **NYSE(뉴욕증권거래소)** | 시가총액 및 거래량 기준으로 세계 최대 금융상품시장입니다. 그 규모는 전 세계 시가총액의 40%를 차지하는 수준입니다.

② **NYSE AMEX** | NYSE와 AMEX의 합병으로 만들어진 중소형성장주에 특화된 주식시장입니다.

2) 장외시장

① **NASDAQ** | 거래소에서 개설한 장내시장과 달리, 나스닥시장은 전미 중개인협회에서 개설한 시장으로 벤처, 중소기업, 첨단기술산업의 거래가 이뤄지는 미국 최대의 장외시장입니다.

② **OTCBB, Pinksheets** | NASDAQ 또는 기타 거래소에서 거래되지 않는 다양한

주식을 거래할 수 있는 장외시장입니다.

③ **지역거래소** Regional Exchange | 시카고, 필라델피아, 보스턴, 퍼시픽, 신시내티 거래소 등 옵션거래에 특화된 거래소입니다.

미국의 주요 지수

1) 다우지수

미국의 다우존스사에서 뉴욕증권시장에 상장된 우량기업 주식 30개 종목(일명 blue-chip stocks)을 기준으로 하여 산출하는 세계적인 주가지수를 말합니다. 미국증권시장의 동향과 시세를 알려주는 대표적인 주가지수로 꼽히며, 흔히 다우지수라고도 합니다.

다우지수의 정식 명칭은 다우존스 산업평균지수 Dow Jones Industrial Average Index 입니다. 지난 18세기 말 최초로 개발된 이후 100년이 넘게 미국주식시장을 대표하는 지수로 사용되고 있습니다. 편입 종목은 30개로 고정됩니다. 지수에 편입 대상이 되는 종목은 미국 S&P500지수에 편입된 500개 종목으로 한정됩니다. 이 중 유틸리티, 운송 섹터 관련 종목을 제외하고 미국주식시장을 대표할 수 있는 핵심 종목을 선별하여 지수를 구성합니다.

다우지수는 가격가중 방식 Price-weighted 을 사용합니다. 예를 들어 A종목, B종목, C종목의 가격이 각각 100원, 400원, 1,000원이라면 A/B/C종목의 가격을 모두 더해 평균가격(500원)을 구하는 방식입니다. 그런데 새로운 종목이 들어오거나 빠지는 경우 가격에 왜곡이 생길 수 있어 종목의 합산 가격을 나눠주는 수인 '제수divisor'라는 개념을 도입해 사용하고 있습니다.

한편, 다우지수에 포함되는 30개 주식은 경제 상황에 따라 교체됩니다. 30개 종목 중에서 어떤 주식이 더 이상 소속 산업을 대표할 수 없다고 판단될 때에는 그 주식을 제외하고 해당 산업을 대표할 수 있는 새로운 기업의 주식으로 대체합니다. 그렇기 때문에 다우지수는 미국 산업구조가 어떻게 변화해왔는지를 한눈에 살펴볼 수 있는 산업역사교과서와 같습니다. 다우지수가 최초로 출범했던 1928년 당시 구성 종목 대다수는 철강, 자동차, 에너지 등 중공업 관련 기업이었습니다. 그러나 이들 기업은 현재 지수 구성 종목에 존재하지 않습니다. 미국경제가 1980년대 이후 제조업에서 서비스업으로 대전환하는 과정에서 기업의 규모와 위상이 축소되었고 이내 지수에서 제외되었기 때문입니다. 대신 IT, 서비스 업종 관련 기업이 이들 기업을 대체하였습니다.

다우지수가 현대 투자이론인 포트폴리오 이론에 맞는 시가총액식 지수가 아니라, 가격가중으로 계산된 지수란 점에서 많은 비판을 받고 있는 것도 사실입니다. 그러나 과거의 관행을 중요시하는 금융시장에서 대표지수로서의 위상은 지속될 것으로 보입니다.

2) 나스닥지수

나스닥지수는 다우지수, S&P500지수와 더불어 뉴욕증시의 3대 주가지수의 하나로, 벤처기업이나 첨단 기술 관련 기업의 주식이 거래되는데, 여기에는 구글, 애플, 야후, 아마존닷컴 등이 편입돼 있습니다.

지수 산출 기준일은 1971년 2월 5일이며, 나스닥시장 운영자인 미국증권업협회NASD는 이날의 시가총액을 100포인트로 해서 상장된 모든 보통주를 시가총액에 따라 가중치를 부여해 주가지수를 산출하고 있습니다. 다우지수에 비해 상장

종목 전체를 대상으로 지수가 산출되므로 시장 전체의 흐름 파악이 보다 수월하다는 장점이 있습니다. 그러나 시가총액식 주가지수이므로 대형주의 시세에 영향을 많이 받는 점은 기억해둘 필요가 있습니다.

3) S&P500지수

미국의 신용평가회사 스탠더드앤드푸어 S&P; Standard&Poor 에서 기업규모·유동성·산업대표성을 감안하여 선정한 보통주 500종목을 대상으로 작성해 발표하는 주가지수로 미국에서 가장 많이 활용되는 대표적인 지수입니다. 공업주(400종목)·운수주(20종목)·공공주(40종목)·금융주(40종목)의 그룹별 지수가 있으며, 이를 종합한 것이 S&P500지수입니다.

산출 방법은 각 종목의 주가에 상장주식수를 곱하여 시가총액을 구하고, 전체의 시가총액 합계를 기준연도인 1941~1943년의 평균시가총액으로 나눈 뒤에 기준 시의 지수(10)를 곱하는 시가총액 방식입니다. 개별 종목의 주가상승률이나 각종 주가지표, 주식형 펀드의 운용실적 등을 전체 시장과 비교할 때 전체 시장의 상승률을 나타내는 기준지수로 활용됩니다.

4) 러셀지수

러셀지수는 1984년 미국의 투자사인 러셀인베스트먼트사가 창안한 지수로, 시가총액 등 객관적인 수치로 편입 종목을 결정합니다. 이는 다우지수와 S&P500 등과 같이 시장의 흐름을 보여주는 지표로, 주로 중소형주의 주가 움직임을 파악할 때 많이 사용됩니다.

러셀지수는 미국 1만여 개 상장기업의 시가총액을 계산하여 ① 상위 3,000개 대기업을 포함하는 러셀3000지수 ② 다음의 2,000개 중소기업을 포함하는 러셀

2000지수 ③ 중소기업의 주가변동을 표시하는 러셀1000지수 등이 있습니다.

미국주식시장 주문하기

1) 환율/환전

미국주식에 투자하기 위해서는 기본적으로 달러화로 환전을 해야 합니다. 그러나 환전이 번거로운 경우 원화로 주문하고 추후에 자동 환전되는 원화주문 서비스도 있습니다.

(1) 환전을 하는 경우

① 실시간 환전

주문을 실행하기 위해 실시간 환전을 하는 경우 다음과 같이 외화환전 신청(3103)을 하면 됩니다.

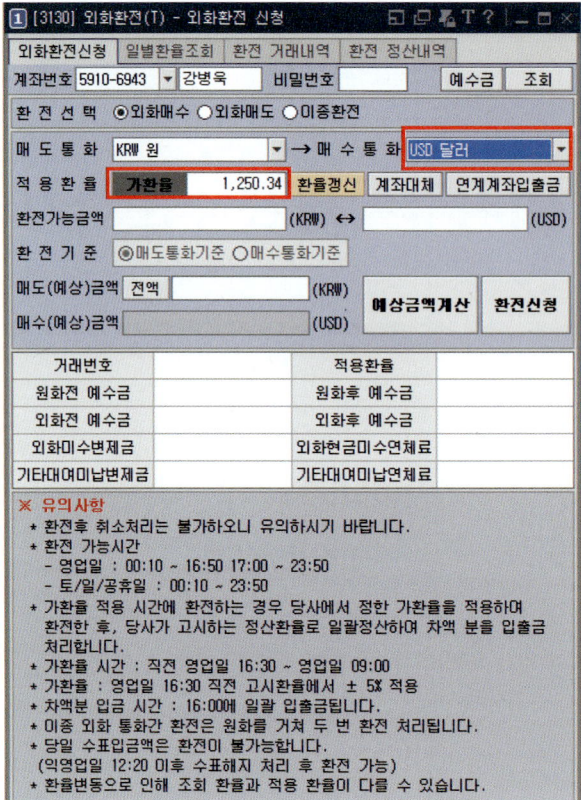

    이때 매수통화를 달러화로 하면 고시환율이 나옵니다. 고시환율에 따라 환전을 진행하면 됩니다.

    환전 가능 시간은 영업일 00:10~16:50, 17:00~23:50 사이이고, 토요일과 일요일 그리고 공휴일의 경우 00:00~23:50 사이입니다.

    환율은 은행고시환율에 의해 환전되는 것이 원칙이지만 증권사에서 제시하는 가환율로 환전되는 경우 은행고시환율로 정산해서 차액을 입출금해주기도 합니다.

    은행고시환율은 매매기준율보다 매도환율과 매수환율을 이용해야 합니다. 예를 들어 내가 주식을 매수하기 위해 달러화를 매입하는 경우는 은행의 매도환율로 매입해야 합니다. 그리고 내가 해외주식을 팔아서 원화로 환전하고자 하는 경우는 달러를 매도해야 하기 때문에 매수환율로 매도해야 합니다. 환율의 매도환율과 매수환율을 차이를 Bid-Ask spread라고 하는데, 이 차이를 환전 대가로 은행이 수수료로 챙겨 가는 시스템입니다.

 은행의 고시환율은 다음과 같이 조회가 가능합니다.

환전율 구분	시간	환율 매수	환율 매도	매매기준율
고시환율	10:34:58	1,156.50	1,134.70	1,145.60
고시환율	10:33:30	1,156.40	1,134.60	1,145.50
고시환율	10:27:36	1,156.10	1,134.30	1,145.20
고시환율	10:26:29	1,155.90	1,134.10	1,145.00
고시환율	10:17:31	1,156.50	1,134.70	1,145.60
고시환율	10:15:52	1,156.40	1,134.60	1,145.50
고시환율	10:11:00	1,156.90	1,134.90	1,145.90
고시환율	10:08:50	1,157.00	1,135.00	1,146.00
고시환율	10:07:42	1,157.30	1,135.30	1,146.30
고시환율	10:06:25	1,157.30	1,135.30	1,146.30
고시환율	10:06:06	1,157.10	1,135.10	1,146.10
고시환율	10:04:59	1,156.90	1,134.90	1,145.90
고시환율	09:59:47	1,156.60	1,134.80	1,145.70
고시환율	09:53:52	1,156.70	1,134.90	1,145.80
고시환율	09:50:08	1,156.90	1,134.90	1,145.90
고시환율	09:45:37	1,156.60	1,134.80	1,145.70

② 원화주문 서비스

원화주문은 환전하는 번거로움을 없애고 빠른 매매를 할 수 있도록 증권사에서 제공하는 서비스입니다. 미국주식을 매매하는 경우 주식을 먼저 매수하면 실제 환전 처리는 매매일 그다음 날 이루어집니다. 이때 실제 환전은 주문일 익일 오전 6시 30분에 처리됩니다. 환전은 먼저 가환율로 환전 처리된 다음 1회 차 매매기준율로 재계산돼 차액이 16시 35분경 입출금 처리됩니다.

 미국주식 원화주문 서비스 신청(3011)은 다음과 같이 하면 됩니다.

2) 매매 방법

(1) 거래시간

미국은 서머타임 Summer Time 을 적용합니다. 따라서 서머타임을 적용할 때와 하지 않을 때의 매매시간이 다릅니다. 매매시간은 다음과 같습니다.

	서머타임 적용 시 (3월 둘째 주 일요일~11월 첫째 주 일요일)	서머타임 미적용 시
거래시간(국내시간 기준) After maket은 주문 불가	- 17:00~22:30: Pre-market - 22:30~05:00: 정규시장 - 05:00~06:00: After market	- 18:00~23:30: Pre-market - 23:30~06:00: 정규시장 - 06:00~07:00: After market

(2) 거래 가능 시장

미국시장은 장내시장과 장외시장으로 구분되어 있습니다. 그 구조를 살펴보면 다음과 같습니다.

시장구분	구분	상세
장내시장	NYSE	시가총액, 거래량 기준으로 세계 최대 금융상품시장(전 세계 시가총액의 약 40% 차지)
	NYSE AMEX	NYSE와 AMEX의 합병으로 탄생. 중소형성장주에 특화해 운영
장외시장	NASDAQ	벤처, 중소기업, 첨단기술기업의 거래가 이루어지는 미국 최대의 장외시장
	OTCBB, Pinksheets	NASDAQ 또는 기타 거래소에서 거래되지 않는 다양한 주식을 거래할 수 있는 장외시장
	Regional Exchanges	Chicago, Philadelphia, Boston, Pacific, Cincinnati Exchanges 옵션거래에 특화

미국 장내시장과 장외시장에서 거래가 가능한 시장은 뉴욕거래소인 NYSE와 NASDAQ, OTCBB, PINKSHEETS 등입니다.

① **NYSE, NASDAQ** | 온라인시세/온라인주문 가능
② **OTCBB, PINKSHEETS** | 온라인시세 불가능/온라인주문 가능

(3) 주문 방법

미국주식시장의 주문 방법은 다음과 같습니다(키움증권의 사례).

① **예약주문**(07:00~22:20(서머타임 미적용 시 23:20)) | 온라인(영웅문G/홈페이지), 오프라인(키움금융센터 1544-9400)
② **실시간주문**(거래시간 내) | 온라인(영웅문G/영웅문S/홈페이지), 오프라인(나이트데스크 1544-8400)

(4) 증거금 및 재매매 등

① **증거금률** | 매수/매도 시 100%

② **재매매** Day Trading | 가능, 즉 매도 이후 결제가 되지 않은 상태에서도 재매매 가능

(5) 주문 종류
① **LIMIT ORDER** | 지정가주문
② **MARKET ORDER** | 시장가주문(매도 시에만 가능)
③ **LOC** Limit on Close | 종가가 지정한 가격과 동일하거나 유리한 가격일 경우 체결되는 방식
④ **MOC** Market on Close | 종가에 최대한 근접하여 체결시키는 시장가주문(매도 시에만 가능)

> ※ **MOC& LOC 주문**
> ① 취소정정
>   - 나스닥: 마감 10분 전부터 취소정정 불가
>   - NYSE/ARCA거래소: 마감 2분 전부터 취소정정 불가
> ② 접수
>   - 나스닥: 마감 5분 전부터 접수 불가
>   - NYSE/ARCA거래소: 마감 2분 전부터 접수 불가

(6) 가격제한폭
미국시장은 가격제한폭이 없습니다.

(7) 결제일
T+3일로 결제일을 포함하면 4거래일 결제입니다. 다만 국내 또는 미국 휴일에 따라 결제일이 지연될 수 있습니다.

(8) 수수료(각 증권사마다 다를 수 있고, 예시는 키움증권)

① **온라인주문** | 0.25%

② **오프라인주문**(전화주문) | 0.50%

(9) 제세금

세금은 SEC Fee(매도금액×$0.0000051), 최소금액$0.01

3) 미국주식시장의 세금제도

(1) 배당소득세

미국주식을 보유하고 있으면서 배당을 받는 경우 배당소득세를 내야 합니다. 배당소득세율은 15%입니다. 배당소득세의 처리와 관련해서는 미국 현지에서 원천징수되어 세금을 제외한 금액이 계좌로 입금되기 때문에 투자자가 따로 신경 쓸 일은 없습니다.

(2) 양도소득세

미국주식에 투자해서 수익이 발생한 경우 양도소득세를 내야 합니다. 양도소득세는 한 해 동안 매도해서 실현한 이익이 250만 원을 초과한 금액에 대해서 세율 22%를 적용받습니다.

예를 들어 2021년 한 해 동안 다음과 같은 매매손익이 발생했다고 해봅시다.

❶ 애플 매도로 얻은 이익 500만 원
❷ 테슬라 매도로 얻은 손실 200만 원
❸ 아마존 매도로 얻은 이익 100만 원

이럴 경우 매매손익은 +400만 원이 됩니다. 이 중 250만 원까지는 비과세이고 나머지 150만 원에 22%의 세율을 적용받아 양도세를 납부하게 됩니다.

(3) 절세 노하우
① 이익 난 종목과 손해 난 종목을 동시에 매도하기
이익이 난 종목이 있는 경우 손해 난 종목을 같이 실현시켜 총손익을 줄이면 세금을 줄일 수 있습니다.

② 가족 간 증여하기
내가 보유한 주식을 배우자 또는 가족에게 증여하면 증여받은 당시의 주가로 매수한 것이 되므로, 비과세 증여한도를 이용해서 증여하는 것도 절세할 수 있는 방법이 됩니다.

미국ETF도 중요한 투자 대상

1) ETF란

ETF는 Exchange Traded Fund의 약자이고 우리말로는 상장지수펀드라고 부릅니다. ETF는 일반적으로 주식, 채권과 같은 기초자산의 가격이나 지수의 변화에 연동하여 운용하는 것을 목표로 하는 펀드로서, 주식시장에 상장되어 주식과 동일한 방법으로 매매할 수 있어 거래의 편의성을 갖춘 펀드를 말합니다.

2) ETF의 장점

① **실시간 거래 가능** | 일반 주식과 같이 종목번호를 가지고 있으며 HTS에서 시세조회가 가능합니다. 또한 투자자가 원하는 가격에 원하는 수량만큼 실시간으로 거래가 가능합니다.

② **분산투자로 위험분산효과** | 개별 주식에 투자할 때는 보통 3~5개 종목에 한정되기 때문에 위험분산이 어렵지만 ETF는 주식시장 전체에 투자하는 것과 똑같은 효과를 얻게 되어 소액투자를 통해서도 높은 위험분산효과를 거둘 수 있

습니다.

③ **배당소득도 함께** | ETF는 주식을 보유한 펀드를 사는 것이기 때문에 추가적인 배당수익을 얻을 수 있습니다.

④ **환매수수료 없음** | 일반 주식과 동일하게 거래되므로 환매수수료나 환매기간이 없이 자유롭게 매매가 가능합니다.

3) ETF투자전략

(1) 핵심-위성 전략

핵심-위성 투자전략(Core-Satellite 전략)이란 핵심 포트폴리오로서 시장지수를 추종할 수 있는 ETF를 배치하고 섹터ETF 등을 시가총액비중 또는 투자비중에 따라 적절하게 구성하여, 시장수익률 추적과 동시에 시장지수 대비 초과수익을 추구하기 위하여 섹터ETF 등의 비중을 조절해 시장 대비 초과수익을 추구하는 전략입니다.

(2) Plug&Play 전략

특정 섹터 및 시장에 대한 긍정적인 전망을 가지고 있으나, 개별 종목 선정에 어려움이 있을 경우, 먼저 해당 ETF에 투자한 이후 실적 개선이 가시화하는 시점에서 섹터 및 시장 내에 저평가 종목 또는 주도 종목에 투자하는 Plug&Play 전략을 ETF를 사용하여 구사할 수 있습니다. 또한 투자자의 예측치와 다르게 섹터 및 시장이 다르게 움직여도, ETF 고유의 분산투자효과 때문에 개별 종목에 직접 투자하는 것에 비해 유리합니다.

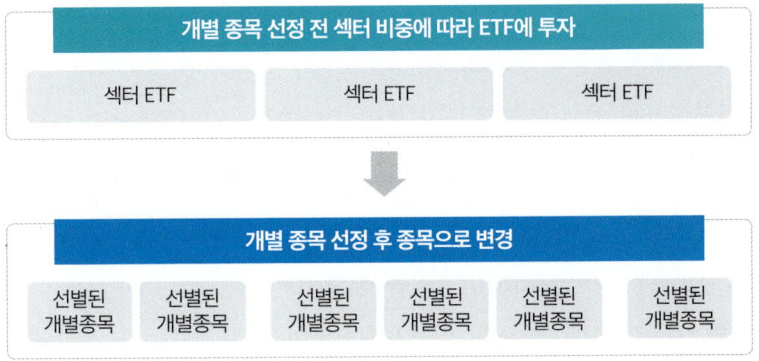

4) 미국의 대표 ETF 소개

① **SPY**(SPDR S&P500 ETF Trust)

미국 ETF 중 시가총액 1위인 SPY는 S&P500지수를 추종하는 ETF입니다. SPY를 운용하는 회사는 스테이트스트리트글로벌어드바이저로, 재계에서 3번째로 큰 자산운용사입니다. SPY는 1993년에 상장했습니다. 운용보수는 0.09%로 저렴한 편입니다. SPY가 보유하고 있는 종목 상위 10개는 애플, 마이크로소프트, 아마존, 메타, 구글알파벳, 테슬라, 버크셔해서웨이, JP모건체이스, 존슨앤존슨입니다.

② **IVV**(iShare Core S&P500 ETF)

IVV는 2000년에 상장됐고 S&P500지수를 추종하는 ETF로 운용사는 블랙록이라는 세계 최고의 자산운용사입니다. IVV는 SPY에 이어 시가총액 2위이며 운용보수는 0.03%로 매우 저렴합니다. IVV가 편입하고 있는 종목 상위 10개는 애플, 마이크로소프트, 아마존, 메타, 구글알파벳, 테슬라, 버크셔해서웨이, JP모건체이스, 존슨앤존슨 등으로 SPY와 같지만 편입비율에서 차이를 보이고 있습니다.

③ **VTI**(Vanguard Total Stock Market ETF)

VTI는 미국시장에 있는 주식 전체를 편입한 ETF로, 우량주와 소형주까지 골고루 편입되어 있습니다. 상장일은 2001년이고 운용사는 뱅가드입니다. 뱅가드는 미국 자산운용사로 블랙록의 뒤를 이어 2위 운용사입니다. 운용보수는 0.03%로 저렴합니다. VTI가 편입하고 있는 종목 상위 10개는 애플, 마이크로소프트, 아마존, 메타, 구글알파벳, 테슬라, 버크셔해서웨이, JP모건체이스, 존슨앤존슨 등으로 시장 전체를 대상으로 하지만, S&P500 ETF와 거의 비슷합니다.

④ **VOO**(Vanguard S&P500 ETF)

VOO는 2020년 상장된 ETF로 S&P500지수를 추종하며 운용사는 뱅가드입니다. 운용보수는 0.03%입니다. 구성 종목은 다른 ETF와 같습니다.

⑤ **QQQ**(Invesco QQQ Trust)

QQQ는 1999년에 상장한 ETF로 나스닥100지수를 추종합니다. 나스닥100은 IT와 기술주가 모여 있는 미국의 대표지수 중 하나입니다. 운용사인 인베스코는 미국의 주요 투자운용사로 손꼽히는 회사입니다. 운용보수는 0.2%로 다른 ETF에 비해 높은 편입니다. 편입 중인 상위 10개 종목은 애플, 마이크로소프트, 아마존, 테슬라, 구글알파벳, 메타, 엔비디아, 페이팔, 인텔 등입니다.

미국 배당주 투자

1) 배당투자가 중요한 이유

(1) 주식투자의 수익 원천

주식투자를 통해서 수익을 얻을 수 있는 원천은 크게 두 가지입니다.

① **시세차익** | 주식을 싸게 사서 비싸게 팔아 수익을 얻는 것이 바로 시세차익입니다. 그러나 잘못하면 손해를 볼 수 있는 것도 사실입니다.

② **배당수익** | 기업은 영업을 잘해서 실적이 좋아지면 배당을 늘릴 수 있습니다. 어느 기업이 꾸준히 배당을 하고, 또 그 배당금을 지속적으로 늘려나간다면 그 기업을 그만큼 실적이 좋은 기업으로 평가해야 합니다. 또한 그 기업은 비교적 안전한 주식으로 많은 투자자의 투자가 집중될 수 있는 종목이 됩니다.

(2) 배당을 평가할 수 있는 지표

배당을 평가할 수 있는 지표는 배당성향과 배당수익률이 있습니다.

① **배당성향** | 배당성향은 기업이 거둔 당기순이익 중에서 배당금이 차지하는 비중을 말합니다(배당성향=배당금/당기순이익). 배당성향이 높다는 것은 기업이 재투자를 하지 않아도 미래 경영을 원활히 진행할 수 있다는 자신감이 있다는 뜻입니다. 높은 배당성향은 주주친화적인 경영을 하고 있다고 평가해도 무방한 지표입니다.

② **배당수익률** | 배당수익률은 배당금을 주가를 나눈 것(배당수익률=배당금/주가)으로 실제로 주식에 투자해서 어느 정도의 배당수익을 올렸는지를 평가할 수 있는 지표입니다.

2) 미국주식의 배당투자

미국은 다른 국가에 비해 주주자본주의가 발달한 국가이고, 이에 따라 주주친화적인 정책이 일반화한 국가입니다. 따라서 주주친화적인 정책을 잘 실천함으로써 명예를 얻고 자부심을 갖는 문화가 광범위하게 자리 잡은 곳입니다.

이로 인해 매년 조금이라도 배당을 늘려 주주들에게 돌아가는 이익을 높이기 위해 꾸준히 실천하는 기업이 많습니다. 설사 배당을 늘리지 못하는 경우라도 자사주를 매입해서 소각함으로써 시중에 유통되는 주식수를 줄여 기존 주주의 이익과 권리를 높여주기도 합니다.

미국시장에는 꾸준히 배당금 지급을 늘리거나 오랜 시간 배당을 이어오는 기업에 성장주, 귀족주 등의 호칭을 줘서 명예를 높이는 문화도 있습니다.

그래서 미국은 배당투자를 하기 좋은 시장입니다. 특히 분기배당은 물론이고 매월 배당금을 주는 월배당 주식도 있다는 점은 배당투자의 중요성을 부각시키는 요인입니다. 2022년 2월 말 현재 미국의 월배당 주식이 357개에 이를 정도로 월배당도 늘어나는 추세입니다.

3) 배당과 관련된 정보 찾기

HTS를 통해서 미국주식의 배당과 관련된 정보를 찾을 수 있습니다.

① 배당주 검색(2650)

미국주식의 배당주 검색은 1년에 1번 연간 배당하는 기업, 배당을 연간 2번 하는 반기배당, 4번 배당하는 분기배당, 연간 12번에 나눠서 배당하는 월배당 기업으로 조건에 맞춰 검색할 수 있습니다.

② 배당주 순위(2651)

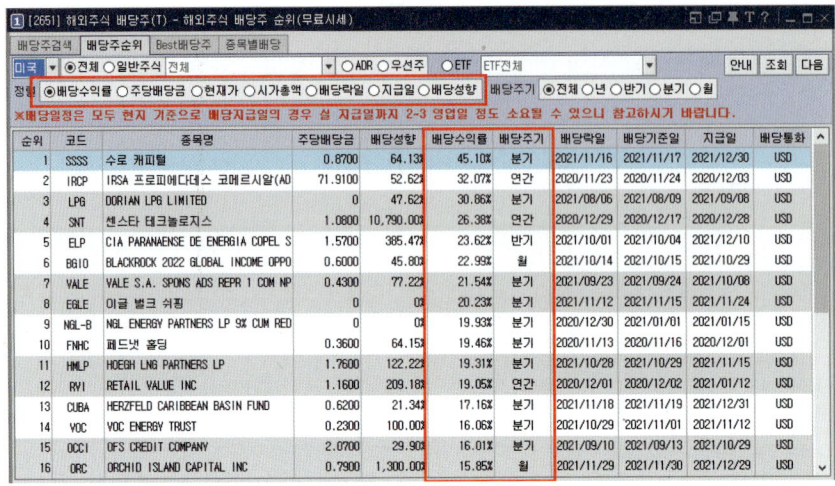

배당주를 배당수익률, 주당배당금, 배당성향을 기준으로 한 순위를 찾아볼 수 있습니다. 지금은 배당수익률을 기준으로 한 순위인데 배당수익률과 함께 배당주기도 같이 검색됩니다.

③ Best배당주(2652)

베스트배당주는 ROE 10% 이상, PER 10배 이하, 배당성향 60% 이하, 배당증가율 0% 이상(배당증가율이 마이너스가 나는 종목을 제외하는 조건)을 충족하는 종목을 뽑아서 제공하는 정보입니다.

④ 종목별 배당(2653)

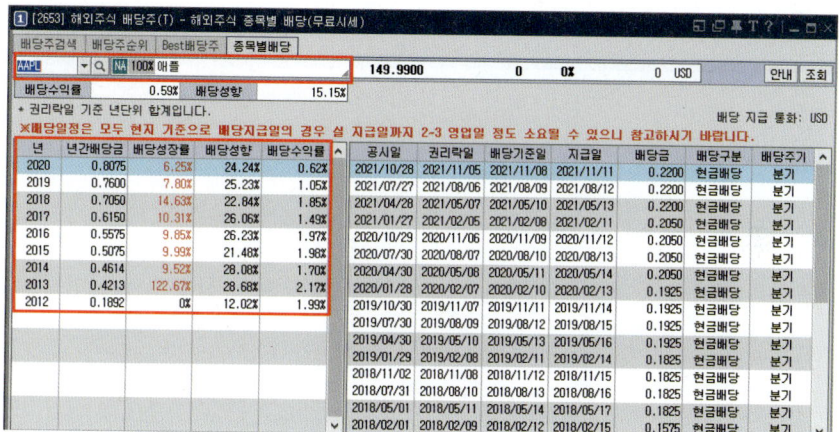

종목별 배당에서는 개별 종목의 배당 관련 정보를 알아볼 수 있습니다. 현재는 애플의 배당 정보로, 연간배당금, 배당성장률, 배당성향, 배당수익률이 나와 있습니다. 또한 배당을 공시한 날짜와 실제 지급한 날짜가 나와 있고, 분기배당을 실시할 때 각 분기당 얼마의 배당을 했는지도 확인됩니다.

07
미국시장 투자정보 활용법

이 내용은 키움증권 홈페이지에서 안내하고 있는 상황을 참고해서 설명하는 내용임을 알려드립니다.

1) 미국주식 관련 주요 사이트

미국주식 관련 주요 사이트는 종목 검색을 위한 사이트, 뉴스 검색을 위한 사이트, 거래소 관련 사이트로 다음과 같이 정리해볼 수 있습니다.

구분	주요 사이트	특징	주요 콘텐츠	홈페이지
종목 검색	Yahoo Finance	뉴스 및 종목 검색이 가장 손쉽고 빠름	종목 확인: 심볼 검색	finance.yahoo.com
	Google Finance	미국시황 뉴스, 종목 검색	종목 확인: 심볼 검색	finance.google.com
	ETF Trends	ETF 관련된 기사 검색	Articles: ETF 관련 기사	www.etftrends.com
뉴스 검색	Market Watch	뉴스 및 시황 검색에 용이	News Viewer: 뉴스 검색	www.marketwatch.com
	Bloomberg	빠른 뉴스	Market Data: 주식 및 각종 경제지표 발표일	www.bloomberg.com
	Reuters	빠른 뉴스	Markets-U.S.: 뉴욕증시 관련 뉴스	www.reuters.com
	money CNN	뉴스 및 시황 검색에 용이	종목 확인: 심볼 검색	money.cnn.com

거래소	뉴욕증권거래소	거래소 규정, 상장 요건 등 세분화된 정보 검색 가능	종목 확인: 심볼 검색	www.nyse.com
	나스닥 OMX			www.nasdaq.com
	Pinksheets			
	OTC Bulletin Board	OTC BB 종목 및 전체 리뷰 페이지 검색 가능	Symbol: 종목 검색	www.finra.org

2) 종목 정보 확인
(야후파이낸스 이용 방법)

야후파이낸스Yahoo Finance는 다른 포털사이트에 비해 인터페이스가 잘되어 있습니다. 이 사이트를 통해서 투자자는 각종 뉴스, 차트, 관련 정보 등을 수집할 수 있습니다. 일단 사이트 접속 후 첫 화면이 나오면 왼쪽 상단의 검색창에 원하는 종목의 심볼을 넣습니다. 심볼을 모르는 경우 회사명을 입력하면 그 회사명이 들어간 심볼이 검색됩니다. 예를 들어 씨티그룹Citi Group을 검색하고 싶은 경우, Citi까지만 입력하고 누르면 Citi가 들어간 회사들이 자동으로 나타나므로 원하는 종목을 선택할 수 있습니다.

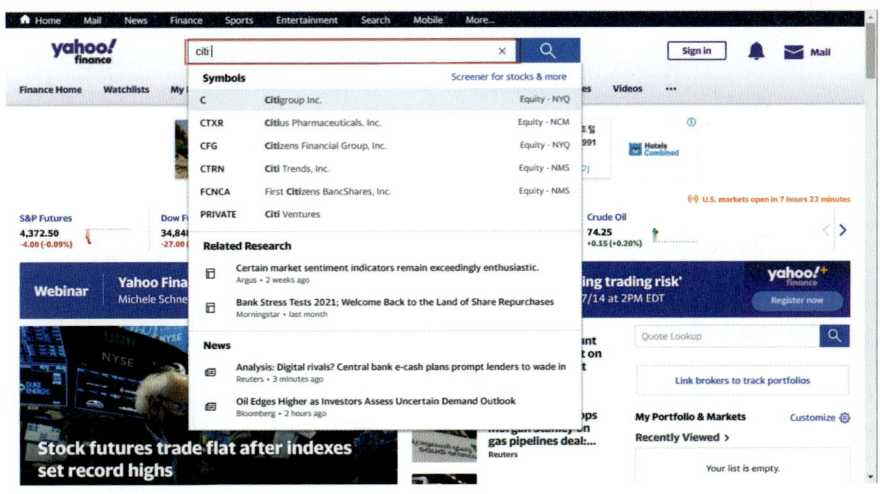

그리고 씨티그룹을 클릭하면 종목의 호가 정보가 나타납니다.

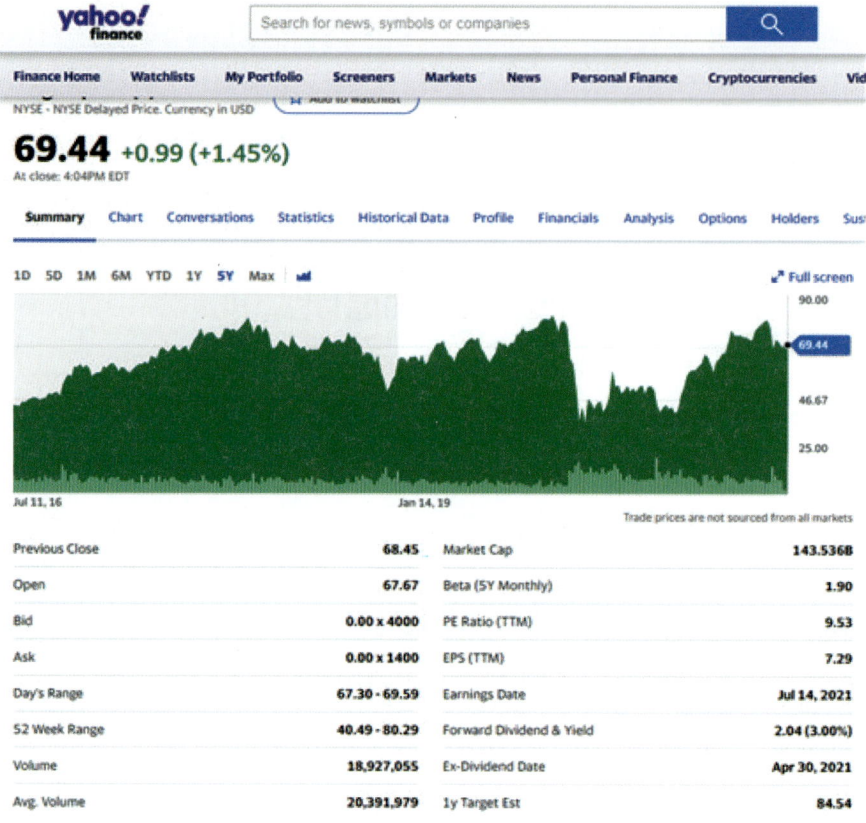

주요 가격 정보와 관련된 용어는 다음과 같습니다.

① **Previous Close** | 전일 종가

② **Open** | 시초가

③ **Bid** | 매수호가

④ **Ask** | 매도호가

⑤ **Day's Range** | 오늘의 가격 범위

⑥ 52Week Range ┃ 52주 가격 범위
⑦ Volume ┃ 거래량
⑧ Avg. Volume ┃ 평균거래량

3) 배당 내역 확인

배당 확인도 야후파이낸스에서 가능합니다. 개별 종목을 검색한 이후 차트를 클릭하면 배당을 지급한 이력이 모두 표시됩니다. 차트에 'D'라고 표시된 것이 바로 배당이라는 뜻의 단어 Dividend의 약자입니다. 그리고 해당 연도의 'D'에 마우스 포인트를 대면 배당과 관련된 내용이 자세히 나옵니다.

제3장 / 실전! 미국주식투자 **109**

4) 재무제표 확인 방법

야후파이낸스 메뉴에서 'Finance'를 클릭하면 기업의 재무제표, 즉 손익계산서 Income Statement, 재무상태표 Balance Sheet, 현금흐름표 Cash Flow를 확인할 수 있습니다.

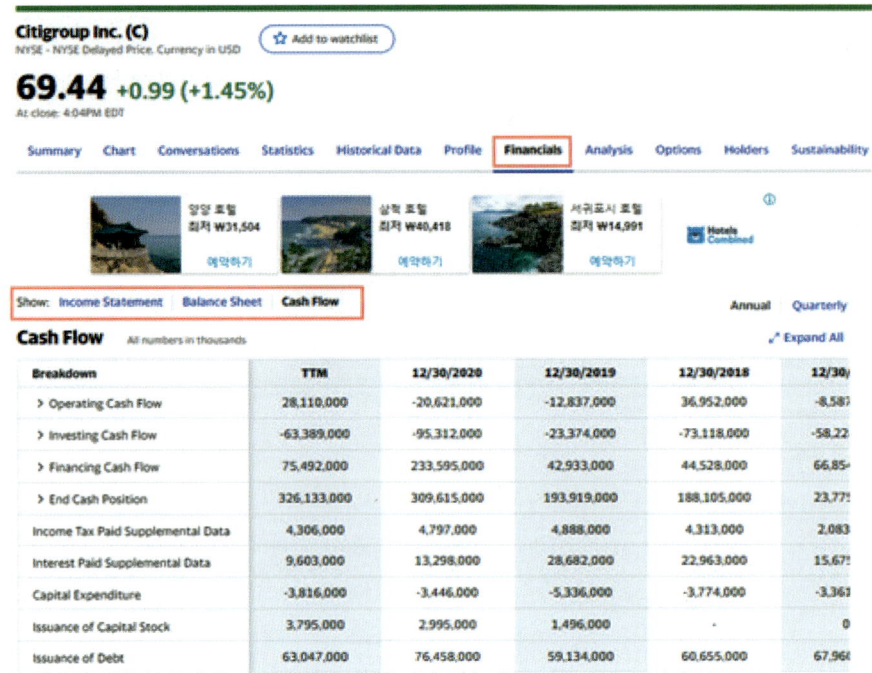

5) 주요 경제지표 및 기업실적 발표 보는 법

개별 종목 데이터를 야후파이낸스에서 얻었다면, 블룸버그 사이트는 각종 경제지표 및 거시경제 데이터를 얻는 데 유용합니다.

주요 경제지표를 보기 위해서는 메인 화면에서 'MARKETS ⋯ ECONOMIC CALENDAR'를 클릭하면 경제일정을 알아볼 수 있습니다.

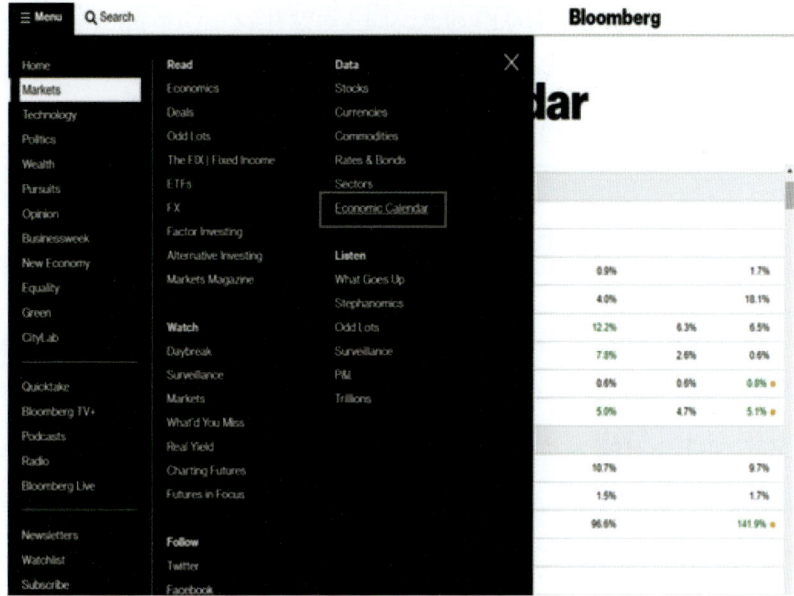

그리고 경제일정표가 다음과 같이 나타납니다.

Economic Calendar

Time	Cur.	Imp.	Event	Actual	Forecast	Previous
			Sunday, July 11, 2021			
08:10	EUR	▼▼▼	ECB President Lagarde Speaks			
09:20	USD	▼▼▼	FOMC Member Quarles Speaks			
18:45	NZD	▼▼▼	Electronic Card Retail Sales (MoM) (Jun)	0.9%		1.7%
18:45	NZD	▼▼▼	Electronic Card Retail Sales (YoY) (Jun)	4.0%		18.1%
19:50	JPY	▼▼▼	Core Machinery Orders (YoY) (May)	12.2%	6.3%	6.5%
19:50	JPY	▼▼▼	Core Machinery Orders (MoM) (May)	7.8%	2.6%	0.6%
19:50	JPY	▼▼▼	PPI (MoM) (Jun)	0.6%	0.6%	0.8%
19:50	JPY	▼▼▼	PPI (YoY) (Jun)	5.0%	4.7%	5.1%
			Monday, July 12, 2021			
02:00	EUR	▼▼▼	German WPI (YoY) (Jun)	10.7%		9.7%
02:00	EUR	▼▼▼	German WPI (MoM) (Jun)	1.5%		1.7%
02:00	JPY	▼▼▼	Machine Tool Orders (YoY) P	96.6%		141.9%
05:00	EUR	▼▼▼	ECB's De Guindos Speaks			
06:00	EUR	▼▼▼	Eurogroup Meetings			
07:00	MXN	▼▼▼	Industrial Production (YoY) (May)	36.4%	36.9%	36.6%

이때 'Actual'은 실제 발표치, 'Forecast'는 전망치, 'Previous'는 이전 수치를 의미합니다. 각각을 비교해서 살펴보면 경제지표를 이해하는 데 보다 많은 도움을 받을 수 있습니다.

6) 거래소 사이트 활용

미국주식 중 OTCBB 주식은 장외에서 거래되는 종목이기 때문에 거래정지 여부나 기업정보 등을 포털사이트에서 확인하기 어려운 부분이 있습니다. 이런 경우에는 해당 주식의 거래소 사이트를 찾아서 확인할 수 있습니다. 먼저 OTC market 사이트(www.OTCmarket.com)에 접속해서 종목을 검색하면 관련 종목에 대한 정보를 얻을 수 있습니다.

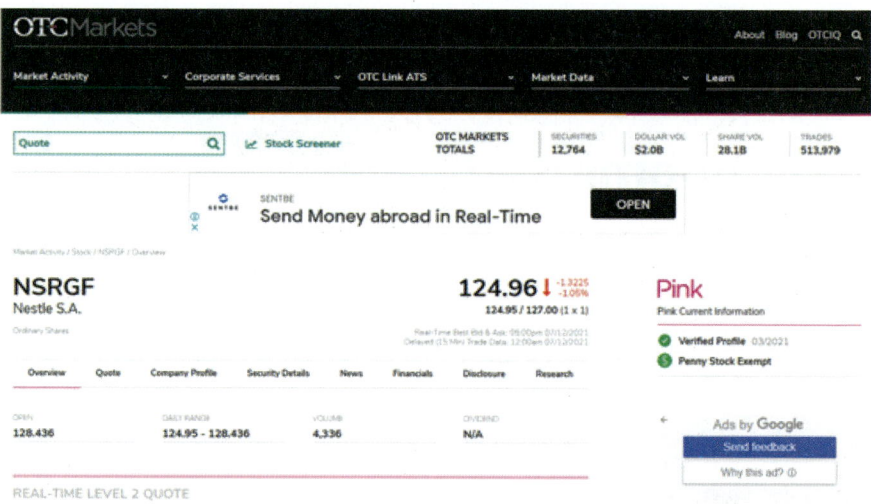

7) 증권관리위원회 사이트로 공시 확인하기

미국증권관리위원회SEC; United States Securities and Exchange Commission 사이트에서 상장종목의 모든 기업 공시를 확인할 수 있습니다. SEC의 관할하에 있는 기업은 기업 공시 서류를 SEC에 등록하도록 규정되어 있기 때문에 이 사이트에 들어가면 공시 서류를 직접 확인할 수 있습니다. 그러나 장외거래 종목인 핑크시트에 있는 종목은 SEC 공시 의무가 없습니다.

SEC 사이트에 접속한 다음, 오른쪽 상단의 'Search'를 클릭하면 기업 공시 서류를 직접 찾아 볼 수 있습니다.

사례로 애플의 종목명이나 심볼을 기입해서 찾으면 애플 관련 자료들을 볼 수 있습니다. 물론 영문으로 나오는 자료들입니다.

EDGAR | Company Search Results

Home » Company Search

Apple Inc. AAPL on Nasdaq

Investor Toolkit: On ▼

[+] Company Information

Latest Filings (excluding insider transactions)

- April 29, 2021 - 10-Q: Quarterly report for quarter ending March 27, 2021 [Filing]
- April 28, 2021 - 8-K: Current report [Filing] **Earnings release**
  - 2.02 - Results of Operations and Financial Condition
  - 9.01 - Financial Statements and Exhibits
- February 24, 2021 - 8-K: Current report [Filing]
  - 5.07 - Submission of Matters to a Vote of Security Holders
- February 18, 2021 - PX14A6G: Notice of exempt solicitation submitted by non-management [Filing]
- February 16, 2021 - SC 13G/A: Statement of acquisition of beneficial ownership by individuals - amendment [Filing]

[View filings]

Selected Filings

[+] 8-K (current reports)

[+] 10-K (annual reports) and 10-Q (quarterly reports)

[+] Proxy (annual meeting) and information statements

[+] Ownership disclosures

미국시장에서 주목할 종목 10
(시가총액이 큰 10종목)

미국주식시장에서 주목할 종목을 시가총액이 큰 순서로 알아보면 다음과 같습니다(2021년 5월 말 기준). 시가총액이 크다는 것은 그만큼 성장하는 산업에 속해 있다는 것이므로 지속적으로 관찰해야 하는 종목들입니다.

1) 애플(AAPL)

애플은 1976년 스티브 잡스, 스티브 워즈니악과 로널드 웨인이 설립한 소프트웨어 및 하드웨어 개발, 제작 회사로, 세계 최초로 개인용 컴퓨터(애플I)를 만들고, 매킨토시를 출시하여 마우스를 이용한 컴퓨터 조작 방식 도입을 통해 GUI Graphic User Interface 보급을 선도한 회사로 평가받고 있습니다. 이어 MP3플레이어(아이팟)를 개발하고, 앱스토어를 도입하였으며, 현재의 스마트생태계를 구축하고, 아이팟에 전화 기능을 더한 아이폰, 스마트패드인 아이패드, 웨어러블기기 애플워치를 연이어 출시했습니다. 스마트폰 시장이 성숙기에 진입하면서, 애플은 디지털 콘텐츠, 헬스케어, 자율주행 부문에서 새로운 성장동력을 찾고 있습니다.

2) 마이크로소프트(MSFT)

마이크로소프트는 컴퓨팅기기를 위한 다양한 소프트웨어 제품의 개발, 제조, 라이센스 및 지원 서비스를 제공합니다. 서버를 위한 운영 시스템, 개인 컴퓨터PC 및 지능형 기기, 분산 컴퓨팅 환경을 위한 서버 응용프로그램, 정보 기술자의 생산 향상 응용프로그램, 비지니스 솔루션 응용프로그램, 고성능 컴퓨팅 응용프로그램, 소프트웨어 개발 툴을 위한 제품을 생산합니다. 또한 컨설팅 및 제품 지원 서비스, 컴퓨터 시스템 통합 및 개발자 인증을 제공합니다.

이외에도 비디오 게임 콘솔(Xbox 360)과 게임, 디지털 음악(Zune)과 엔터테인먼트 기기, PC 게임 및 주변기기를 판매하며 adCenter 플랫폼을 통해 온라인 광고를 제공하고 있습니다.

동사는 크게 비즈니스, 지능형 클라우드, 개인 컴퓨팅 부문으로 구분됩니다. 비즈니스 부문에서는 Office, Exchange, SharePoint 및 Skype, Outlook, OneDrive를 비롯한 비즈니스용 Office 365 상용 제품 및 서비스는 물론 관련 클라이언트 액세스 라이선스CAL 도 제공합니다.

또한 OEM Original Equipment Manufacturer, 유통업체 및 리셀러를 통해 제품을 판매 및 배포하고 온라인 및 마이크로소프트 소매점을 통해 제품을 공급하고 있습니다.

3) 아마존닷컴(AMZN)

아마존닷컴은 전 세계를 대상으로, 다양한 품목을 제공하는 온라인 판매 웹사이트를 운영하고 있습니다. 아마존닷컴 웹사이트는 Amazon.com뿐 아니라 영국, 아일랜드, 프랑스, 캐나다, 독일, 이탈리아, 스페인, 네덜란드, 일본, 중국, 인도, 호주, 멕시코, 브라질 등에서 별도로 운영되고 있습니다.

Amazon.com은 www.amazon.com, www.amazon.ca, www.shopbop.

com, www.endless.com 등의 서브 웹사이트를 포함합니다. 동사의 판매 제품은 국제 배송을 통해 전 세계로 배달되며, 2015년에는 자본 기준 월마트를 넘어선 최대 판매 회사로 발돋움했습니다.

4) 알파벳C(GOOG)

2015년 구글의 기업 구조 개편으로 설립된 지주회사입니다. 구글 및 산하 사업부를 자회사로 편입시켰으며, 보통주 Class A(티커 GOOGL)와 무의결권주식 Class C(티커 GOOG)로 주식을 나누어 발행했습니다.

구글은 인터넷서비스가 핵심 사업이나, 생명공학(Calico·Verily), 인공지능(Deepmind), 자율주행(Waymo), 피트니스 기기(Fitbit) 등 다양한 분야로 사업을 확장하고 있습니다.

매출 구조는 크게 글로벌 1위 검색엔진인 구글과 영상 스트리밍 플랫폼인 유튜브Youtube를 활용한 디지털 광고 매출, 글로벌 점유율 3위인 클라우드서비스 매출, 안드로이드 앱스토어인 구글플레이Google Play 수수료·유튜브 구독료·구글네스트Google Nest 등의 전자기기 판매 등으로 구성된 기타 구글 서비스 매출, 구글 외 자회사 매출Other Bets로 분류됩니다.

2020년 기준 사업별 매출 비중은 광고 80.5%(검색 및 기타 광고 57.0%, 디스플레이(배너 광고) 12.7%, 유튜브 10.8%), 클라우드 7.2%, 그 외 구글 매출 11.9%, 기타 0.5%(Other Bets 0.4%, 헷징 0.1%)로 구성됩니다. 2020년 기준 지역별 매출 비중은 미국 46.6%, 유럽, 중동 및 아프리카EMEA 30.3%, 아시아 태평양APAC 17.8%, 아메리카(미국 제외) 5.2%로 나뉩니다.

5) 메타(FB)

사회관계망서비스 SNS 플랫폼 페이스북 Facebook 을 운영하는 기업입니다. 페이스북은 2021년 1분기 기준 28억 5,000만 명의 월간 활성 이용자를 확보한, 이용자 기준 세계 최대의 SNS 플랫폼으로 2021년 11월 사명을 메타 플랫폼스 Meta Platforms 로 변경했습니다. 이외에 이미지 기반 SNS 플랫폼인 인스타그램 Instagram 과 메신저 서비스 왓츠앱 WhatsApp, 페이스북 메신저 등을 운영하고 있습니다.

메타는 매출의 대부분을 차지하는 광고 외에 VR 시장 선점과 이커머스, 그리고 꾸준한 콘텐츠 크리에이터 유입을 성장동력으로 제시하고 있습니다.

2020년 기준 사업별 매출 비중은 광고 97.9%, 오큘러스 Oculus VR 기기 판매와 플랫폼 내 결제수수료 등으로 구성된 기타 사업 2.1%로 구성됩니다. 2020년 기준 지역별 매출 비중은 미국과 캐나다 44.7%, 유럽 23.7%, 아시아 태평양 APAC 23.1%, 그 외 지역 8.5%로 구성되어 있습니다.

6) 버크셔해서웨이(BRKa)

버크셔해서웨이는 여러 산업에 관련된 지주회사로 워런 버핏이 회장 겸 CEO를 맡아 이끌고 있습니다. 19세기 뉴잉글랜드 지방의 섬유회사로 시작했지만 지금은 그런 것과는 관련이 없고, 재보험업을 영위하면서 워런 버핏의 지주회사 역할을 하고 있습니다. 버크셔해서웨이의 주 업종은 금융입니다. 버크셔 자체가 재보험회사이기도 하지만, 전통적으로 가치주를 선호하는 버핏의 스타일, 그리고 투자자금 마련을 위한 경영전략 등이 합쳐져, 일종의 종합투자회사라고 할 수 있는 버크셔에서도 금융은 가장 비중이 높은 섹터입니다. 이 때문에 주식시장에서 버크셔의 주가는 금융주의 주가와 대체로 같이 가고 있으며, 통상 성장주로 분류되는 IT 회사의 주가와는 반대로 움직이는 경향을 보이고 있습니다.

7) 알리바바(ADR)

중국 전자상거래시장의 80%를 점유하고 있는 중국 최대의 전자상거래 업체로 일평균 방문자 수가 1억 명 수준에 이릅니다. 1999년 영어강사 출신 마윈이 중국 제조업체와 중국 이외 지역의 구매자를 위해 개설한 B2B 사이트 알리바바닷컴이 시발점입니다. 중국 내 아마존을 표방하고 있으며, 전자상거래, 온라인결제, B2B 서비스, 클라우드 컴퓨팅, 모바일 운영체제 등 다양한 영역에서 사업을 영위 중입니다. 계열사로 타오바오마켓플레이스, 티몰닷컴, 이타오, 알리바바닷컴, 알라바바닷컴차이나, 알리익스프레스 등을 보유하고 있습니다. 원활한 쇼핑 서비스를 제공하기 위해, 알리페이, 위어바오와 같은 금융 서비스를 제공하고 있으며, 이타오, 알리왕왕과 같은 검색 및 메신저 서비스도 제공 중입니다.

8) 테슬라(TSLA)

일론 머스크가 2003년 설립한 전기자동차회사로, 전기자동차 생산, 에너지 저장, 태양광 에너지 설비 개발(2016년 태양광 업체인 솔라시티와 합병)이 주력 사업입니다. 고성능 세단인 모델S, 일반형 세단 모델3, SUV 모델 X, Y를 보유하고 있으며 2019년 트럭시장을 겨냥한 사이버트럭을 공개했습니다. 세계 최고 수준의 자율주행기술(오토파일럿)을 보유하고 있다고 평가받습니다.

미국, 중국, 독일에 자동차, 배터리, 태양광 패널 생산 기지를 보유하고 있으며, 2016년과 2017년에 공장 자동화 기술을 보유한 그로만 엔지니어링Grohmann Engineering과 퍼빅스Perbix를 인수하여 생산능력 확대와 비용절감을 시도하고 있습니다.

9) TSMC(TSM)

TSMC, 타이완식 약칭으로 台積電(대적전)은 타이완 소재의 세계 최대 규모 파운드리 업체입니다. 21세기를 기준으로 팹리스 혹은 IDM 업체의 절대 다수는 TSMC에 일부 혹은 전부 하청을 맡길 수밖에 없는 구조입니다. 애플, 퀄컴, 삼성전자, 비아VIA, 엔비디아, AMD 등과 같은 큼직한 기업이 주요 고객입니다. 인텔도 주문 물량이 밀려서 자사가 생산량을 감당할 수 없을 경우, 유일하게 파운드리를 주는 데가 바로 TSMC입니다.

10) JP모건체이스(JPM)

JP모건체이스는 금융지주회사로, 주요 은행 자회사는 JP모건체이스은행, 17개 주의 내셔널 뱅킹 어소시에이션national banking association, 그리고 미국 체이스은행, 은행 신용카드 발급 은행인 내셔널뱅크national bank입니다. JP모건체이스의 주요 비은행 자회사는 미국 투자은행회사인 JP모건시큐리티입니다.

JP모건체이스의 금융 및 비금융 지사는 미국뿐 아니라 대표적인 해외 사무소와 해외 자회사 은행을 통하여 전 세계적으로 운영되고 있습니다. 2007년 5월에는 B2B 금융 결제 솔루션 제공자인 사인 코퍼레이션Xign Corporation을 인수했습니다. 2008년 1월 하이브리지 캐피털 매니지먼트Highbridge Capital Management의 추가적인 주식 지분을 인수한 결과 2008년 1월 31일 자로 하이브리지 캐피털의 75%를 소유하고 있습니다.

04
실전!
중국주식투자

중국의 경제구조 살펴보기

1) 글로벌 제조업 기지

1980년대 이후 전 세계에 불어닥친 신자유주의는 고임금의 서방 세계 제조업의 해외 이전을 불러왔습니다. 오프쇼어링 Off-shoring 이란 용어가 나타난 것도 바로 이때부터였습니다. 미국의 자동차 제조업체를 비롯해서 유럽의 주요 제조기업 공장이 중국에 들어서기 시작했습니다. 중국이 서서히 세계의 제조업 기지가 되어가는 과정이었습니다.

중국의 제조업 부가가치 규모는 미국과 본격적인 갈등 국면으로 들어가기 이전까지 GDP에서 차지하는 비중은 줄었지만 그 규모 자체는 계속해서 증가하는 모습을 보였습니다. 그 내용을 표로 살펴보면 다음과 같습니다.

단위: 십억 위안, %

	2010	2011	2012	2013	2014	2015
GDP	41,303.0	48,930.1	54,036.7	59,524.4	64,397.4	68,905.2
공업	16,512.6	19,514.3	20,890.6	22,233.8	23,385.6	23,650.6
제조업	13,025.3	15,645.7	16,980.7	18,186.8	19,562.0	20,242.0
(비중)	31.5	32.0	31.4	30.6	30.4	29.4

※ 공업은 광업, 제조업, 전력 등을 포함한 수치

출처: 중국국가통계국

이 표에서 알 수 있는 것은 중국의 제조업은 지속적으로 성장하지만 중국의 GDP 규모가 커지고 삶의 질이 높아지면서 GDP의 구성 요소 중 소비의 증가가 급격하게 진행되고 있다는 점입니다. 그러나 세계 각국의 주요 기업의 제조업 기지가 여전히 중국에 있는 것은 사실입니다.

여기서 문제가 발생한 것은 바로 미국과 중국 간에 무역갈등이 벌어지면서부터입니다. 중국에 대한 리스크가 커짐에 따라 제조업 기지를 중국 이외의 다른 국가로 옮기려는 움직임이 나타났고, 대체로 인도 또는 베트남으로의 이전이 시도되고 있습니다.

전문가들은 무역전쟁과 코로나19를 계기로 공급망의 다변화 요구가 커지고 있다면서 '중국+1국' 혹은 '중국+2국' 정도의 다변화를 모색하는 기업이 늘어나고 있다고 보고 있습니다. 여기서 주목해야 할 점은 다변화가 진행되더라도 그 중심에는 중국이 있다는 점입니다.

중국은 그동안 쌓인 제조업 기술력과 축적된 자본을 바탕으로 앞으로도 상당 기간 세계의 제조업 기지 역할을 할 것으로 생각됩니다.

2) 미국을 능가하는 창업 열기

2000년을 기점으로 약 20년 동안 중국정부는 창업과 관련된 4개의 계획을 발표했습니다. 초기에는 가시적인 성과가 나지 않았음에도 불구하고, 지원 확대를 거듭하는 중국정부의 일관된 정책이 있어 성공적인 창업생태계가 조성되었습니다. 그 결과 2015년부터 유니콘기업이 성과를 나타내기 시작했습니다. 또한 이를 바탕으로 중국정부에서 대중 창업 활성화를 지원하면서, 하루에 1만 6,000개의 창업기업이 탄생하고 있는 상황입니다.

미국 스타트업지놈사에서 세계 150개 도시의 창업생태계 수준을 분석한 결과에 따르면 1위는 미국의 실리콘밸리가 차지했지만 아시아에서는 중국 베이징과 상하이가 각각 4위와 8위, 싱가포르가 12위, 우리나라 서울이 30위 수준으로 나타났습니다.

중국의 창업 열기의 결과, 2019년 1월 기준 전 세계 유니콘기업 321개 중 미국기업은 162개(50.5%), 중국기업은 98개(30.5%)이고, 한국기업은 6개(1.8%)에 불과합니다.

특히 중국은 스타트업을 육성하는 민간창업펀드(베이징대학 및 칭화대학 창업기금 등)가 활발하게 조성되어 있어 대학캠퍼스에서부터 창업의 열기가 끓어오르는 중입니다. 글로벌 분석가들의 말을 빌려보면 쓸 만한 스타트업기업은 대부분 중국에 있다고 할 정도로 중국의 창업 열기는 미국을 능가하고 있습니다.

3) 잠재적 최고의 기업

중국의 창업 열기는 자연히 세계 최고 기업의 탄생으로 이어지고 있습니다. 〈2019년 글로벌 500대 유니콘기업 발전 보고서〉에 의하면 2019년 7월 31일 기준으로 전 세계 500대 유니콘기업 중 중국기업이 217곳으로 가장 많습니다. 이들의 기업가치는 총 9,414억 달러(약 1,096조 원)입니다. 중국의 뒤를 이어 미국의 유니콘기업 숫자가 193개였으며 기업가치는 총 7,439억 달러(약 866조 원)에 달했습니다. 물론 중국에서 발간된 자료였기 때문에 중국에 조금 더 많은 점수를 준 것으로 볼 수 있습니다.

중국 자료 이외에 미국의 시장조사업체 CB인사이츠의 2021년 발표에 따르면 전 세계 유니콘기업의 수는 총 959개입니다. 가장 많은 유니콘기업을 보유한 나라는 미국으로 488곳이었고 중국이 2위로 107곳으로 집계되었습니다. 우리나라의 유니콘기업 쿠팡, 위메프 등 18곳이 포함된 것으로 미루어 미국 조사업체의 자료에 조금 더 신뢰가 가는 부분이 있습니다. 아무튼 중국은 세계 제2위의 경제대국으로 잠재적 최고 기업을 보유한 국가임에는 틀림없습니다.

① 바이트댄스

이들 유니콘기업 중 가장 눈에 띄는 기업은 바로 바이트댄스입니다. 바이트댄스는 중국 최대 인공지능 콘텐츠 스타트업으로 우리나라에서도 동영상 공유 애플리케이션 틱톡으로 유명합니다. 한편 사업 초기 텐센트의 투자 제안을 거절한 회사로도 유명합니다. 최근 1년간 바이트댄스 산하의 글로벌 디지털 마케팅플랫폼에서는 수많은 엔진이 탄생했습니다. 바이트댄스는 인공지능^{AI}, 빅데이터 등의 영역을 깊이 활용하기 시작했습니다. 컨설팅회사 R3의 보고서에 따르면 바이트댄스가 2019년 상반기 인터넷 광고 시장의 23%의 시장점유율을 기록했는데, 이는 약 500억 위안(약 8조 4,000억 원) 규모이며, 이로써 바이트댄스는 중국 내 두 번째로 큰 디지털 광고회사가 되었습니다.

② 다장촹신

다음은 드론계의 애플이라 불리는 다장촹신(영문명 DJI)이 있습니다. 광둥성 선전시에 소재한 이 회사는 드론 대수 기준으로 보면 2020년 말 130억 달러 전후로 글로벌 시장의 70%를 장악하고 있다고 추산됩니다. 세계 시장의 30%에 달하는 미국에서만 시장점유율이 76%에 이르는데 2위인 인텔의 시장점유율이 4.1%니 다장촹신의 위상이 새삼 크게 보입니다.

이렇듯 중국의 유니콘기업은 잠재적인 세계 최고의 기업으로 발돋움하는 모습을 보여주고 있습니다. 그러나 여기에 한 가지 걸림돌로 작용하는 것이 바로 공산당의 정책입니다. 중국공산당은 중국 내의 정보가 해외로 유출되는 것을 막기 위해 기업들을 옥죄고 있는 상황입니다.

중국공산당은 중국기업의 미국주식시장 상장을 막고 있는데 바이트댄스는 미국시장 상장을 포기했지만, 중국의 우버로 불리는 디디추싱의 경우는 중국공산당의 의중을 거스르며 뉴욕시장에 상장했습니다. 중국 당국은 디디추싱에 대해 국가안보 위반이라는 중대 혐의를 들어 조사에 들어갔고 이후 중국의 모든 앱스토어에서 디디추싱 앱을 삭제하라는 명령을 하는 등 중국 글로벌 기업으로의 발돋움을 막고 있습니다.

과연 중국 당국의 압박과 기업가 정신이 충돌했을 때 어떤 결과로 나타나는지를 지켜보는 것이 필요한 상황입니다.

4) 위안화와 중국경제

세계경제에서 차지하는 중국의 위상이 높아지면서 중국위안화의 위상도 함께 올라가는 모습을 보여주고 있습니다. 2020년 6월 말 기준 국제 결제액에서 위안화가 차지하는 비중은 2.7%로 전 세계에서 4번째로 많이 사용되는 화폐가 되었습니다. 국제은행간통신협회SWIFT에 따르면 2021년 12월 기준으로는 국제 결제액에서 미국달러화가 차지하는 비중이 40.51%로 가장 높았고 유로화(36.65%), 영국파운드화(5.89%), 중국위안화(2.70%), 일본엔화(2.28%) 순이었습니다. 위안화의 해외결제액이 일본엔화를 넘어선 것은 2015년 8월 이후 처음 있는 일입니다.

중국위안화의 위상이 높아진 데는 국제통화기금IMF에서 2015년 중국위안화를 특별인출권SDR 기반통화바스켓에 편입하기로 공식 결정한 것이 큰 힘이 되었습니다. 즉 중국의 위안화가 기축통화의 일원이 된 것입니다.

중국은 위안화의 세계화를 위해 디지털위안화를 추진하고 있습니다. 디지털위안화는 중국인민은행이 발행하는 법정화폐로서 현금이면서 전자결제 기능을 결합한 전자판 위안화 현금입니다. 디지털위안화는 기존의 제3자 결제방식인 알리페이와 위챗페이의 영향력을 축소하고, 통화에 대한 중앙은행의 독점 권한 강화에 기여한다는 의미를 갖습니다. 이를 통해 중국 당국은 위안화의 국제화를 추진하고 있습니다. 위안화의 국제화로, 중국은 중국에 대한 미국의 금융제재 가능성에 대비하고 이를 원유 등 원자재 수입이나 일대일로 사업 등에서 글로벌 자금

결제 통화로 활용할 가능성이 큽니다. 그러나 위안화의 국제화 추진에도 불구하고 미국달러화를 대체하는 변화를 기대하기는 이릅니다. 하지만 중국경제의 위상과 위안화의 위상이 올라가는 것은 중국 입장에서 결코 나쁜 일이 아니며 이를 통해 경제 발전을 이어갈 것으로 생각됩니다.

5) 중국시장에서 꼭 확인해야 하는 경제지표

(1) 차이신 제조업 PMI지수(차이신 제조업 구매관리지수)

중국 HSBC 제조업 구매관리지수라고도 합니다. 중소기업을 대상으로 제조업 현황을 조사하는 민간 경제지표입니다. 약 430명의 구매관리자(중소기업 구매대리자)를 대상으로 고용, 생산, 신규 수주, 가격, 공급자 출하량 및 재고 등을 포함한 사업 현황의 상대적 수준을 평가하는 월별 설문조사 결과를 바탕으로 추산합니다. 이 지표는 제조업 부문 활동을 전반적으로 조망할 수 있도록 설계된 종합 지표이며, 전체 경제에 대한 선행지표 역할을 합니다. 이 지표는 50을 기준으로 하며 50 이상이면 제조업 경기가 확장 중임을 나타내고, 50 미만이면 제조업 경기가 하락하고 있음을 나타냅니다.

(2) 중국 제조업 PMI지수

중국 제조업 구매관리자지수는 매월 중국 제조업 부문 경제활동에 대한 조기지표를 제공합니다. 이 지표는 국영기업과 대기업을 대상으로 제조업 현황을 조사하는 정부 경제지표입니다. 중국물류구매 연합회 CFLP, 중국물류정보센터 CLIC에서 편집하며, 국가통계국에서 수집한 데이터를 기반으로 합니다. 이 설문지는 매달 중국 전역에 걸쳐 700개 이상의 대기업 구매관리자에게 발송됩니다. 이 지표의 기준도 50입니다.

(3) 산업생산지수

산업생산지수 Industrial Production Index 는 서비스 부문을 제외한 공장, 광산 및 전력회사 등에서 일정 기간 내의 생산량을 매달 15일마다 발표합니다. 중국의 산업생산지수는 업종별로 수치화하지만 일반적으로 경제신문에 언급되는 산업생산지수는 가장 비중이 큰 제조업과 광공업 분야 생산량을 기준으로 측정합니다.

(4) 고정자산투자

고정자산투자 Fixed Assets Investment 는 생산에 반복사용이 요구되는 고정자산의 지출 지표입니다. 고정자산투자와 관련한 3가지 지표가 함께 발표되는데 도시 고정자산투자(매월), 사회 전체 고정자산투자(분기, 연간), GDP 지출 항목 중 고정자산투자 등입니다. 이 중 주식시장에 가장 큰 영향을 주는 지표는 도시 고정자산투자입니다.

(5) 소매판매

소매판매 Retail Sales of Consumer Goods 는 중국의 소비수준을 파악할 수 있는 소매금액지표입니다. 이 지표는 기업활동을 통해 개인, 사회단체 등에 판매하는 상품, 재화의 금액 및 숙박, 식음료 업체에서 서비스를 제공한 대가로 지불받은 금액의 총합을 의미합니다. 조사 대상은 개인사업자를 포함한 소매판매업자 또는 식음료 관련 기업입니다. 2005년부터 중국 국가통계국은 춘절 기간 소매판매금액을 별도 발표하기 시작했고, 2006년부터는 국경절(10월 1일) 기간의 소매판매금액도 발표하고 있습니다.

(6) 수출입지표

수출입지표 International Trade 는 국제무역에서 수출입 재화의 가치를 수치화한 지표입니다. 수입총액은 운임과 보험료가 포함된 액수를, 수출총액은 제품을 선박까지 적재하는 비용을 합산해서 발표합니다. 발표기관은 우리나라 관세청에 해당하는 해관총서에서 합니다. 이 지표는 경제순환주기를 가늠하기 좋은 지표로 평가받습니다. 수입은 국내수요, 수출은 해외수요를 판단하는 기준이 되며 무역수지는 위안화의 가치 변화에 영향을 미칩니다.

(7) 국내총생산

국내총생산GDP은 일정 기간 동안 중국 내에서 경제활동으로 만들어진 총부가가치의 합으로 계산됩니다. 이 지표로 국가 및 지역의 경제활동에 대한 성장 또는 축소를 판단하는 것이 가능합니다. 그러나 지표가 확인될 때까지 시간차가 커서 실제 시장 영향력은 적습니다. GDP는 분기 마감 후 20일 전후로 발표됩니다. 중국은 매년 성장률 목표치를 사전에 발표하는데 GDP 성장률 실제치가 목표치를 밑돌 경우 정책의 변화 가능성을 내비치게 됩니다.

(8) 소비자물가지수

소비자물가지수CPI는 중국의 가계에서 구매하는 주요 700여 종의 상품 및 서비스에 대한 가격지수입니다. 중국의 소비자물가지수는 전국 14만 가구의 상품 품목별 지출을 추출하여 계산하는데 식품, 의류, 가전, 주류담배, 교통통신, 의료보건, 교육오락, 주거 등 8대 항목으로 구성되며 세부적으로 총 262개 상품과 서비스 가격을 포함합니다. CPI는 주로 음식료 가격변동에 영향을 크게 받기 때문에 장기 전망을 할 때는 이들을 제외한 근원소비자 물가 동향을 주로 참고합니다. 이 지표는 익월 중순에 발표하는데 GDP 발표월에는 8일 전후로 발표합니다.

(9) 통화량

통화량Money Supply은 중국의 유동성을 보여주는 지표입니다. 이 지표를 통해 중국

내부의 유동성 상황을 알 수 있으며 중국인민은행이 매달 신규 대출, M2 등 관련 지표를 발표합니다. 대출지표의 경우 중국 내 모든 금융기관에서 대출한 총액을 의미하고, 대출 대상은 금융기관 사이의 대출을 제외한 비금융기관, 개인 및 가계만을 포함합니다. 2002년부터 신규 대출과 사회융자총액(신탁대출, 사채발행, 주식 조달, 신규 도출 등 포함)을 함께 발표하고 있습니다. 매 익월 10~15일 사이에 발표합니다.

02

중국주식시장의 구성

1) 상하이거래소

중국 상하이거래소는 A시장과 B시장으로 구분되어 있습니다.

① **상하이A시장** | 내·외국인 거래가 가능한 시장으로 965개 종목이 상장되어 있습니다. 후강퉁(상하이-홍콩 교차거래) 대상 종목 568개 종목이 있습니다.

② **상하이B시장** | 외국인 전용시장으로 현재 53개 종목이 상장되어 있습니다.

2) 선전거래소

중국 선전거래소도 A시장과 B시장으로 구분되어 있습니다.

① **선전A시장** | 내·외국인 거래가 가능한 시장입니다. 현재 1,589개 종목이 상장되어 있습니다. 선강퉁(선전-홍콩 교차거래) 대상은 약 900여 개 종목이 있고, 거래 가능 종목이 변경될 수 있습니다.

② **선전B시장** | 외국인 전용시장으로 51개 종목이 상장되어 있습니다.

후강통과 매매거래 방법

1) 후강통이란?

후강통은 중국 상하이와 홍콩의 증권시장 간 주식 거래를 연결하는 제도를 일컫는 말로, 상하이를 뜻하는 '후(滬)'와 홍콩을 뜻하는 '강(港)', 연결한다는 의미를 가진 '통(通)'이 조합된 단어입니다. 2014년 4월 시행계획이 발표되었으며, 2014년 11월 17일 시행되었습니다.

후강통은 홍콩 투자자가 위탁사에서 계좌를 개설하면 홍콩의 증권 거래 관련 서비스 회사가 상하이주식시장에 거래 신청을 하고, 이를 통해 주식 매매가 가능하며 상하이 투자자도 이러한 과정을 거쳐 홍콩주식시장에서 주식을 매매할 수 있습니다. 이렇게 홍콩의 투자자에게 상하이거래소 주식의 거래를 개방하는 것을 후구퉁(滬股通), 상하이 투자자에게 홍콩거래소 주식의 거래를 개방하는 것을 강구퉁(港股通)이라 합니다.

2) 상하이거래소 주요 지수

① **SSE180** Shanghai Stock Exchange 180 | 상하이거래소에 상장된 상위 우량기업 180개 종목의 대표 A주식으로 구성된 지수입니다.
② **SSE380** Shanghai Stock Exchange 380 | 상하이거래소에 상장된 성장 가능성이 높은 중형주 380개 종목으로 구성된 지수입니다.
③ **AH프리미엄지수** | A주와 H주에 동시에 상장된 회사의 주식가격 차이를 반영한 지수입니다.

3) 후강퉁 주요 매매 방법

(1) 상하이A주/후강퉁 거래 개요

구분	내용
웹사이트	상하이증권거래소(www.sse.com.cn)
거래통화	중국위안화(CNY): 사전 환전 필수
주요 지수	SSE180, SSE380
1일 가격제한폭	일반종목: 전일 종가 ±10% 특별관리종목: 전일 종가 ±5%
거래단위(수량)	- 매수: 100주 단위 - 매도: 1주 단위
매매 가능 종목	상하이A주

(2) 개장 및 주문시간

① 개장시간(월~금)

구분	한국시간	현지시간
동시호가	10:10~10:30	09:10~09:30
신규/취소 접수	10:10~10:15	09:10~09:15
신규/취소 거래소 접수	10:15~10:20	09:15~09:20
신규 접수, 취소 불가	10:20~10:25	09:20~09:25
신규/취소 접수	10:25~10:30	09:25~09:30

오전장	10:30~12:30	09:30~11:30
오후장	13:55~16:00	12:55~15:00
신규/취소 접수	10:55~14:00	12:55~13:00

② **주문시간**(한국시간 기준)

주문시간	- 동시호가: 10:10~10:30 - 오전장: 10:30~12:30 - 오후장: 13:55~16:00

(3) 주문 방법 및 증거금

주문 방법	- 온라인: 증권사 HTS - 오프라인: 관리 지점 또는 고객센터
증거금	증거금 100%

(4) 결제일

결제일(한국 기준)	- 매수: T+1 결제 전 매도 불가능 - 매도: T+1 결제 전 재매매 가능

4) 중국주식에 대한 배당소득세

중국주식에 투자해서 배당을 받게 되는 경우 배당소득세율은 14.4%입니다. 이 세금은 현지에서 원천징수 후 계좌로 입금되므로 투자자가 따로 신경 쓸 필요가 없습니다.

04
선강퉁과 매매거래 방법

1) 선강퉁이란?

선강퉁은 중국의 선전증시와 홍콩증시 간의 교차거래를 말합니다. '선(深)'은 중국 선전을, '강(港)'은 홍콩을 의미하며 '퉁(通)'은 두 거래소를 통하게 한다는 뜻으로, 외국인이 선전시장에 투자하는 선구퉁(深股通)과 중국인이 홍콩시장에 투자하는 강구퉁(港股通)으로 나누어집니다. 2016년 12월 5일 처음 시행되었습니다.

2014년 11월 시행된 후강퉁의 대상 품목은 금융, 에너지 등 대형주가 많지만 선강퉁은 정보기술, 콘텐츠, 바이오, 미디어 등 중소형주가 대부분입니다.

2) 선전거래소 주요 지수

① **SZSE Component Index** | 선전성분지수로 500개 종목으로 구성한 지수입니다.
② **SZSE Small/Mid Cap Innovation Index** | 선전중소창신지수로 500개 종목으로 구성된 지수 중 시가총액 60억 위안 이상인 종목으로 구성된 지수입니다.

③ **선전 AH프리미엄지수** | A주와 H주에 동시에 상장한 회사의 주식가격 차이를 반영한 지수입니다.

3) 선강퉁 주요 매매 방법

(1) 선전A주/선강퉁 거래 개요

웹사이트	선전증권거래소(www.szse.com.cn)
거래통화	중국위안화(CNY): 사전 환전 필수
주요 지수	선전A지수
1일 가격제한폭	일반종목: 전일 종가 ±10% 특별관리종목: 전일 종가 ±5%
거래단위(수량)	- 매수: 100주 단위 - 매도: 1주 단위
매매 가능 종목	선전A주

(2) 개장 및 주문시간

① **개장시간**(월~금)

구분	한국시간	현지시간
동시호가	10:15~10:25	09:15~09:25
오전장	10:30~12:30	09:30~11:30
오후장	14:00~15:57	13:00~14:57
마감 전 동시호가	15:57~16:00	14:57~15:00

② **주문시간**(한국시간 기준)

주문시간	- 동시호가: 10:15~10:25 - 오전장: 10:30~12:30 - 오후장: 14:00~15:57 - 마감 전 동시호가: 15:57~16:00

(3) 주문 방법 및 증거금

주문 방법	- 온라인: 증권사 HTS - 오프라인: 관리 지점 또는 고객센터
증거금	증거금 100%

(4) 결제일

결제일(한국 기준)	- 매수: T+1 결제 전 매도 불가능 - 매도: T+1 결제 전 재매매 가능

05

상하이B/선전B시장 매매 방법

(1) 선전A주/선강퉁 거래 개요

웹사이트	상하이증권거래소(www.sse.com.cn) 선전증권거래소(www.szse.com.cn)
거래통화	- 상하이: 미국달러(USD) - 선전: 홍콩달러(HKD), 사전 환전 필수
주요 지수	상하이A지수, 상하이B지수, 선전A지수, 선전B지수
1일 가격제한폭	일반종목: 전일 종가 ±10% 특별관리종목: 전일 종가 ±5%
거래단위(수량)	- 매수: 1주 단위 - 매도: 1주 단위
매매 가능 종목	상하이B주, 선전B주

(2) 개장 및 주문시간

① 개장시간(월~금)

구분	한국시간	현지시간
장 전 동시호가	10:15~10:25	09:15~09:25
오전장(2시간)	10:30~12:30	09:30~11:30
오후장(2시간)	14:00~16:00	13:00~15:00

② **주문시간**(한국시간 기준)

주문시간	- 오전장: 10:30~12:30 - 오후장: 14:00~16:00

(3) 주문 방법 및 증거금

주문 방법	- 오프라인: 관리 지점 또는 고객센터
증거금	증거금 100%

(4) 결제일

결제일(한국 기준)	- 매수: 매수대금출금(T+3) (상하이B주 결제 전 매도 불가능) - 매도: 유가증권출고(T+3) (상하이B주 결제 전 재매매 가능)

(5) 상하이/선전 주요 주식시장

상하이·선전 증권거래소	• 종합지수 - 상하이종합지수: 상하이증권거래소의 모든 A, B주의 시가총액으로 가중 평균하여 산출 - 선전성분지수: 선전A주와 B주의 대표 69종목으로 산출 - 선전종합지수: 선전증권거래소의 모든 A, B주의 시가총액으로 가중 평균하여 산출 • A/B주 - 중국 내국인+외국인 투자 가능
ST주(특별관리종목)	Special Treatment의 약자로 주당 순자산이 마이너스인 경우 혹은 거래소의 기타 규정을 위반한 종목
ST주(퇴장경고종목)	2년 연속 적자 발생, 분식회계, 재무 공시 규정 위반 등 법률 행위를 위반한 종목

06

중국증시에서
주목해야 할 종목 10

중국주식시장에서 시가총액 기준으로 상위 10개 종목을 살펴보면 다음과 같습니다. 시가총액이 크다는 것은 그만큼 시장을 대표하는 대표성을 갖는 종목이므로 지속적인 관심을 가져야 합니다. 특히 중국은 은행주가 시가총액 상위권에 속해 있는데 이 중 중국공상은행만 포함해서 종목들을 살펴보겠습니다.

① 텐센트(00700)

중국의 대표적인 인터넷 및 게임 서비스 전문기업으로 포털사이트인 텅쉰왕(www.qq.com), PC용 메신저 QQ, 모바일 메신저 위챗 Wechat 이 대표적인 서비스입니다. 매출 비중은 게임(42%), SNS(22%), 광고(18%), 기타(17%)로 게임사업부가 상당한 비중을 차지하고 있습니다. 다른 기업에 대한 투자도 병행하고 있는데, 리그 오브 레전드 League Of Legend 로 유명한 라이엇게임즈, 클래시 오브 클랜 Clash Of Clan 으로 유명한 슈퍼셀의 최대 주주이고, 우리나라의 카카오, 넷마블과 전기자동차 업체인 테슬라 등에도 투자하고 있습니다. 최근 인공지능 및 가상현실 등 미래 성장동력에 투자를 집행하고 있는데, 선전 및 시애틀에 인공지능연구소를 설립하여, 음성인식 및 자연어 처리 관련 연구를 진행할 예정입니다.

② **귀주모태**(600519.SS)

중국 고급 백주 대표 기업으로 주요 사업은 백주 생산 및 판매이며 주력 제품은 고급 백주인 마오타이주입니다. 마오타이주는 중국의 국주로 불리며 세계 3대 증류주 중 하나입니다. 강력한 브랜드 파워, 탁월한 품질, 유구한 문화와 역사, 독특한 환경과 특수한 기술 등 우세를 중심으로 핵심 경쟁력을 구축하고 있습니다.

귀주모태가 직접 원료를 구매해 제품을 생산하며 직판과 도매대리판매 채널 등을 통해 제품을 판매하고 있습니다. 도매대리 채널은 대리업체, 마트, 전자상거래 등입니다. 2020년 제품별 매출 비중은 마오타이주 86.6%, 기타 시리즈 주류 10.5%이며, 지역별 매출 비중은 국내 97.3%, 해외 2.6%입니다. 시가총액은 A주 상장사 중 1위입니다.

③ **공상은행**(601398)

중국의 대표적인 은행주이자 배당주로 전 세계 860개 이상 기업 고객과 6.8억 명의 개인 고객을 보유하고 있습니다. 2020년 개인 신용대출 잔액, 기업 대출 잔액, 개인 적금 규모 모두 업계 1위를 기록했습니다. 2020년 주요 사업인 기업금융, 개인금융 사업 비중은 각각 45.7%, 42.3%를 차지했습니다.

④ **융기실리콘자재**(601012)

전 세계 단결정 실리콘 태양광 제품 선두 제조업체로 단결정 실리콘 봉, 웨이퍼, 배터리와 모듈의 연구개발, 생산, 판매를 주요 사업으로 하고 있습니다. 태양광 집중식 지면 발전소와 분산식 옥외 발전 관련 제품과 시스템 솔루션도 제공하고 있습니다. 단결정 실리콘 봉, 웨이퍼 생산기지는 산시 시안, 닝샤의 인촨과 중닝, 윈난의 리장, 바오산, 취징, 추슝, 장쑤의 우시, 말레이시아 등에 위치해 있습니다. 2020년 전 세계 시장에서 모듈 제품 점유율 19%를 기록했으며 2020년 제품별 매출 비중은 태양광 모듈 및 배터리 66.4%, 웨이퍼 및 단결정 실리콘 봉 28.4%, 발전소 건설 및 서비스 2.4% 등입니다. 지역별 매출 비중은 국내 60.7%, 미주 16.2%, 아시아 태평양 지역 13.8%, 유럽 9.1%, 아프리카 0.2%입니다.

⑤ 메이디그룹(000333)

중국 최대 규모의 가전제품 생산기업으로 에어컨부터 세탁기, 주방가전, 소형 가전제품 등을 생산합니다. 제품 중에서도 에어컨 사업부의 비중이 크며 일반 가정용 에어컨부터 각종 건물의 중앙 통제 에어컨 등 제품군을 구축했습니다. 광동, 안후이, 후베이 등 10여 개 지역 내에 생산단지를 구축했고 유럽, 일본 등 해외 지역에서 연구개발 센터를 운영하고 있습니다. 독일계 쿠카KUKA를 인수해 산업용 로봇 생산능력을 구축해 자사 생산라인의 자동화를 실현함과 동시에 로봇 시장 내에서도 경쟁력을 보이고 있습니다. 이외에도 반도체, 인공지능 등 신흥산업에도 진출해 가전제품 사업과 관련한 경쟁력 강화를 시도 중입니다. 2020년 제품 유형별 매출 비중은 냉난방설비(에어컨류) 42.43%, 기타 가전제품 39.86%이고 지역별 매출 비중은 국내 60%, 해외 40%입니다.

⑥ 오량액(000858)

중국 대표 백주 브랜드입니다. 귀주모태의 뒤를 잇는 중국 백주 업계 주도주로 대표 제품으로는 푸우(普五), 우량예(五糧液) 등이 있습니다. 밀, 옥수수, 쌀, 수수, 찹쌀 등을 배합해 만든 우량예는 프리미엄급부터 고급, 중고급 백주 브랜드를 구축했습니다. 전자상거래 플랫폼 기준 프리미엄급 백주 브랜드인 푸우는 500ml 병 기준 1,000~1,500위안대, 고급 브랜드인 우량예는 500~1,000위안대의 가격을 구성하고 있습니다.

　최대 주주는 중국 쓰촨성 이빈시 정부 산하 이빈시 국유자산경영유한공사로 전체 지분 내 34%를 보유하고 있습니다. 백주 외에도 소주, 과일주 등의 주류 생산라인을 갖추고 있습니다. 2020년 제품 유형별 매출 비중은 우량예(푸우 제품 포함) 76.87%, 기타 주류 제품 14.61% 등이고 국내에서 모든 매출이 발생합니다.

⑦ 차이나모바일(00914)

중국의 국영통신사로 1997년에 설립된 차이나텔레콤이 전신입니다. 1998년 중국정부의 통신구조조정에 따라 이동통신을 독식하던 차이나텔레콤이 차이나모바일과 차이나유니콤으로 분리되어 오늘에 이르고 있습니다. 이후 홍콩과 뉴욕증시에 상장하였고, 2008년 유선통신업체 차이나톄퉁China Tietong을 인수하여 유무선 통신 서비스를 제공하고 있습니다. 중국뿐만 아니라, 홍콩 및 파키스탄(2007년 팍텔Paktel 인수)에서도 서비스를 제공하고 있으며, 사용자 수 기준 전 세계 1위 통신업체입니다.

⑧ 비야디(002594.SZ)

중국의 테슬라로 불리는 전기차 및 배터리 전문 제조업체입니다. 뿐만 아니라 세계적인 2차전지 제조업체 중 한 곳으로 고객사엔 화웨이, 삼성그룹, 애플, 샤오미, 비보vivo 등이 포함돼 있습니다. 수직 계열화한 사업 체인을 통해 소비전자, 자동차 스마트시스템, 사물인터넷, 로봇, 인공지능 등 서비스도 원스톱으로 제공할 수 있습니다. 2020년 주요 사업인 자동차 및 관련 제품 사업은 전체 매출에서 53.6% 비중을 차지했습니다. 스마트폰 부품 및 기타 제품 사업은 38.3% 비중을 차지했으며 지역별 매출 비중은 국내 62%, 해외 38%입니다.

⑨ 하이크비전(002415)

세계 최대 CCTV 개발 및 제조 기업으로 2020년 전 세계 CCTV 시장점유율 24%를 차지한 업계 1위 기업입니다. 종합적인 CCTV 제품을 생산 및 판매하나 인공지능, 빅데이터 등의 기술을 추가한 CCTV 제품을 판매해 시장 내 독보적인 경쟁력을 가지고 있습니다. 주요 다운스트림산업은 치안, 운송, 교육, 의료 등 분야이고 이외에도 신기술을 적용해 가구, 로봇, 자동차 전자제품, 적외선 카메라, 소방 및 안전 검사, 의료 등의 방향으로 사업을 확장하고 있습니다. 중국 중앙 국영기업인 중국전자과학기술집단공사CETC 등 군사 국영기업을 지배주주로 두고 있어 도널드 트럼프 정부로부터 수출 제한 규제를 받은 바 있습니다. 2020년 CCTV 및 미디어 서비스 제공 사업의 매출 비중이 100%이고, 지역별 매출 비중은 국내 45%, 해외 55%입니다.

⑩ 해천미업(603288)

식음료 섹터의 귀주모태주로 불리는 대형 조미료 제조업체로 핵심 제품은 간장, 굴소스, 닭고기 조미료이며 이외에도 바비큐 소스, 핫팟 소스, 샐러드 소스 등 소스 사업도 대규모로 확장하고 있습니다. 중국 조미료 판매량과 매출로 업계 1위를 기록 중이며, 특히 간장 판매량은 24년 동안 전국 1위 자리를 유지하고 있습니다. 다음 주력 제품인 굴소스의 판매량은 3년 동안 연평균 21.3% 증가했고 2020년 간장, 굴소스, 기타 조미료 사업 비중은 각각 57%, 18%, 11%에 달했습니다. 지역별 매출 비중은 북부, 중부, 동부, 남부가 각각 25%, 20%, 20%, 19%에 달합니다.

또 하나의 중국 홍콩시장 알아보기

1) 홍콩의 경제구조

(1) 일국양제

홍콩은 중화인민공화국 홍콩특별행정구를 말합니다. 홍콩은 약 700만 명의 다양한 국적 출신의 사람이 살고 있어 인구밀도가 상당히 높은 곳으로 세계 도시밀집도 4위에 오른 도시입니다. 150여 년에 이르는 영국의 지배시기를 거치면서 다양한 서양 문물이 통하는 입구로 지금까지 그 특색이 유지되는 도시입니다.

일국양제(一國兩制)의 사전적인 의미는 '하나의 국가, 두 개의 제도'입니다. 즉 중화인민공화국이라는 하나의 국가 안에 사회주의와 자본주의라는 서로 다른 두 체제를 공존시키는 것을 말하는데 이는 홍콩이 영국에 할양되어 150여 년간의 지배기간을 지나 지난 1997년 중국에 반환되면서 중국에서 실험된 체제입니다.

그러나 최근 들어 중국은 홍콩의 입법, 사법, 행정 등 삼권 지도부로 공산당에 협조하지 않는 세력의 진입을 막기 위한 선거제도 등 정치체제 개혁을 공식화했습니다. 중국이 홍콩 국가보안법과 체제 개혁 등을 시행함에 따라, 영국으로부터 홍콩을 반환받고 50년간 일국양제를 보장하겠다는 약속은 사실상 사라지고 일국양제가 종료된 것으로 볼 수 있습니다.

(2) 아시아의 금융허브

홍콩은 세계 3대 금융허브 중 하나입니다. 금융허브는 단순히 금융기관이 모인 것을 넘어 주변 지역의 금융거래를 총괄하는 장소라는 의미를 가지고 있습니다. 즉 아시아 지역의 금융거래의 중심지라는 의미인 셈입니다.

홍콩은 금융 중심지로서 경쟁력을 갖추고 있습니다. 2019년 국제금융종합연구원에 따르면 세계 84개국을 대상으로 금융 경쟁력을 평가한 국제금융센터지수에서 홍콩은 3위를 차지했습니다.

홍콩에는 금융기관도 몰려 있습니다. 한국은행에 따르면 2019년 기준으로 홍콩의 금융 서비스 분야는 GDP 대비 19.8%를 차지하고 있습니다. 홍콩의 중앙은행인 홍콩통화청에 따르면 은행은 총 194개(2019년 기준)에 달합니다.

홍콩에 있는 세계 100대 은행의 지점 숫자는 2018년 기준 187개이며 세계 500대 은행으로 확대하면 418개나 됩니다. 홍콩통화청은 홍콩의 은행들이 약 24조 홍콩달러 규모의 자산을 보유하고 있다고 밝혔습니다.

홍콩에서 하루 동안 발생하는 거래량도 세계 4위 수준입니다. 한국은행 2018년 자료를 통해서 보면, 전 세계 외환상품시장 거래량 6조 6,000억 달러 중 홍콩에서 거래된 외환은 전체 10%(6,320억 달러) 수준으로 영국(3조 5,760억 달러), 미국(1조 3,700억 달러), 싱가포르(6,330억 달러)에 이어 4위를 기록했습니다.

그러나 이런 아시아의 금융허브 지위는 최근 미국과 중국 간의 갈등, 그리고 사실상 중국체제로의 편입 등으로 인해 지속될지 우려되는 상황입니다. 이런 우려는 미국에서 홍콩을 중국과 구별해서 무역과 금융 거래에 특별지위를 부여해 왔는데 이를 철회할 수 있다는 주장이 나오면서 더욱 높아지는 모습입니다.

(3) 달러페그제

홍콩달러는 미국달러화에 고정되는 페그제도를 시행하고 있습니다. 즉 달러화가치에 고정된 고정환율제도입니다. 이러한 달러페그제도는 홍콩이 국제금융센터로 기능하는 데 핵심적인 역할을 할 수 있도록 서방 선진국, 중국 등 주변 관련국의 필요에 의해 도입된 제도로 볼 수 있습니다.

페그제도의 장점은 환율변동에 대한 불확실성을 감소시켜 대외 교역과 외국인 투자를 통한 자본거래를 활발하게 만들 수 있다는 데 있습니다. 이에 반해 경제위기 시 대규모 자금이탈 또는 외환투기를 발생시킬 가능성이 크고, 통화가치가 자국의 경제 기초체력을 적절하게 반영하지 못하는 현상이 일어날 수 있다는 단점이 있습니다.

하지만 이런 달러페그제도도 최근 미국과 중국 간의 갈등이 고조되면서 무력화할 수 있다는 우려가 나오고 있습니다. 그 근거로 제시되는 것이 홍콩에 중앙은행이 없어서 시중은행에서 통화를 유통한다는 점입니다. 시중은행은 중앙은행만큼의 신용이 없기 때문에 신용위험을 방지하기 위해 시중은행에서 홍콩달러를 발행할 경우 그 비율의 미국달러를 금융관리국에 예치해야 합니다. 이 때문에 미국이 규제를 통해 홍콩 시중은행에 미국달러를 공급하지 않게 조치하면 자동으로 페그제도가 무력화할 수 있습니다.

홍콩은 이미 상당한 규모의 미국달러를 보유하고 있고, 중국을 통한 통화스와프도 가능하기 때문에 당장 큰 문제가 발생하지는 않을 것으로 전문가들은 보고 있습니다.

결론적으로 홍콩경제의 가장 큰 위험은 일국양제의 종료로 인해 주주자본주의를 최우선으로 하는 서방 자본과 국가자본주의를 표방하는 중국 경제정책이 충돌하게 되는 것이고, 이때 위험을 회피하기 위해 경제 주체들이 홍콩으로부터 탈출하는 일이 발생하는 것입니다.

2) 홍콩거래소의 구조

(1) 홍콩증권거래소

홍콩증권거래소는 영국 통치 시절인 1891년 세워졌으며 1997년 영국에서 중화인민공화국으로 반환되어 중화인민공화국 홍콩특별행정구가 된 후에도 동일하게 운영 중입니다.

중국 본토의 경제규모가 커지면서 상하이증권거래소와 선전증권거래소의 위상이 크게 높아졌지만 홍콩증권거래소도 중국 본토 기업이 대규모로 상장하면서 규모를 확대하고 있습니다. 덕분에 현재 상하이증권거래소와의 교차 프로그램 매매인 후강퉁제도 및 선전증권거래소와의 교차 프로그램 매매인 선강퉁제도가 시행 중입니다.

홍콩증권거래소는 2021년 현재 시가총액 세계 6위이며 상하이증권거래소, 도쿄증권거래소에 이어 아시아 3위입니다. 홍콩거래소에 상장된 회사는 대부분 중국기업입니다. 홍콩기업은 공기업인 홍콩철도공사 MTR와 홍콩 최대 재벌인 리카싱 및 스탠리 호 계열사, 마카오의 외국계 카지노 회사, 선훙카이(新鴻基) 같은 몇몇 부동산 재벌과 영국 국적 다국적 기업뿐입니다.

홍콩증권거래소 주식시장은 다음과 같이 분류됩니다.

거래소	구분	상세
홍콩거래소	메인보드	1,521개 종목 상장
	H주	중국 본토 기업 중 기간산업 등 핵심 블루칩으로 구성됨. 195개 종목 상장. 메인보드 및 GEM에 포함
	레드칩	중국 본토 기업 중 기간산업 등 핵심 블루칩으로 구성됨. 130개 종목 상장. 메인보드 및 GEM에 포함
	GEM	Growth Enterprise Market. 코스닥처럼 IT 등 벤처기업이 대부분

(2) 발표지수

① 항생지수

홍콩증권거래소에는 홍콩기업, 중국기업(H주식, R주식), 외국기업 3종류의 기업이 기업공개를 통해 상장되어 거래 중입니다. 이 중 항생지수는 홍콩기업을 대상으로 한 주가지수로, 홍콩 업종 대표 주식 50개를 모아서 시가총액 가중 평균 방식으로 산출합니다. 이 업종 대표 주식 50개는 홍콩증시 홍콩기업 시가총액의 60%를 차지할 정도로 큰 대기업으로 구성되어 있습니다. 1964년 7월 31일을 기준지수 100으로 하여 산출하고 있습니다.

② 홍콩H지수

홍콩증권거래소에 상장된 중국 국영기업 중 우량기업을 모아 만든 지수입니다. 항생지수와 더불어 홍콩증권거래소의 주요 주가지수 중 하나로, H주식이란 홍콩증시에 상장되어 있는 중국 국영기업 주식을 말합니다. 여기서 말하는 국영기업 주식이란 국유기업 또는 정부 지분 30% 이상인 기업의 주식입니다.

중국에서 등록하고 중국증권감독위원회에 의해 홍콩에 상장된 기업의 주식으로, 기업의 본거지는 중국 본토에 있어 매출은 중국 내에서 이루어지지만 홍콩과 중국 본토에 동시 상장되어 거래된다는 게 특징입니다. 홍콩H지수는 H주식 중 중국공상은행, 중국건설은행 등 우량기업을 모아 만든 주가지수로 홍콩H지수는 홍콩항생지수 HSCEI로 불리고 있습니다.

(3) 홍콩증권거래소 거래 안내

거래소	구분	
	메인보드	GEM
시가총액	HKD 24조	HKD 0.2조
외국인 개인 투자 가능 여부	○	○

거래통화	HKD (단 위안화 표시 주식은 CNY)	HKD
일일 가격제한폭	없음	
최소 매매단위	종목별로 상이	
매매 가능 일자	주5일(월요일~금요일), 단 국가 공휴일 등 제외	
매매시간 (한국시간 기준)	동시호가: 10:00~10:30 오전장: 10:30~13:00 오후장: 14:00~17:00 장 마감 동시호가 1: 17:01~17:06 장 마감 동시호가 2: 17:06~17:08 동시호가 체결 및 장 종료: 17:08~17:10 (단 동시호가 주문은 10:15까지만 정정/취소 가능)	

일본의 경제구조 살펴보기

1) 아시아의 맹주 일본

일본은 오랜 시간 아시아의 맹주 역할을 하고 있는 나라입니다. 일본은 잃어버린 30년 기간 동안 경제력이 많이 떨어지긴 했지만 여전히 GDP 순위에서 미국과 중국에 이어 세계 3위를 기록하고 있습니다.

(1) 국제기구에서의 일본 위상

국제사회에서 일본의 위치를 점검해보면 결코 만만히 볼 경제적 위상이 아닙니다. 예를 들어 국제통화기금IMF의 지분 구조를 보면 미국이 17.398%로 제일 많고 그 뒤를 이어 일본이 6.461%로 두 번째 지분율을 보유하고 있습니다. 특히 아시아개발은행ADB의 출자 비율에서는 일본이 미국을 제치고 15.67%로 가장 많고 미국이 두 번째로 15.56%, 중국이 6.47%로 세 번째 지위에 있습니다.

(2) 튼튼한 기초체력

일본 제조업의 특징은 '모노즈쿠리'로 대표되는 장인정신에 있습니다. 이 말은 혼신의 힘을 다해 제품 만들기에 주력한다는 뜻입니다. 모노즈쿠리는 일본의 기업 문화를 대표하는 것으로 일본인 스스로 여기에 대단한 자부심을 가지고 있습니다. 일본에는 100년 이상 된 기업이 무려 3만 8,000개나 있고, 1,000년을 자랑하는 기업도 7개가 있습니다. 대를 이어 기업을 잇게 하는 일본인의 장인정신을 볼 수 있는 사례입니다. 일본은 19세기 말부터 아시아의 맹주로 인식될 만큼 과학기술이 발달했습니다.

그러나 일본의 자랑 모노즈쿠리 정신이 오히려 급변하는 글로벌 기술환경에 제대로 적응하지 못한다는 비판도 있습니다. 1980년대만 해도 일본은 세계 50대 기업 가운데 자동차, 전자, 선박 등 30여 개 기업이 있는 초일류 국가였습니다. 그러나 2020년에는 전 세계 50대 글로벌 기업 가운데 일본의 기업은 단 1개만 포함돼 있습니다. 대신 그 자리를 한국의 전자회사와 중국의 기업이 채우고 있는 실정입니다.

(3) 일본 상장사의 주주우대정책

일본주식시장의 재미있는 것 중 하나는 주주우대정책입니다. 일본의 주주우대는 기업이 주주에게 주는 일종의 선물이며, 배당금과는 별도로 지급됩니다. 주주우대정책은 주식을 보유한 수량, 보유 기간에 따라 차등을 두며 기업마다 자사의 제품부터 식사권, 할인 및 우대권 등 다양한 형태가 있습니다. 예를 들어 여성의류 전문기업 바로크앤리미티드재팬은 100주 이상 보유 주주에게 연 2회 2,000엔 이상 의류 할인권을 주고, 일본 최대 테마파크 하우스텐보스를 운영하는 종합여행사 HIS는 100주 이상 보유 주주에게 여행 상품에 활용 가능한 주주 우대권과 테마파크 입장 할인권을 제공합니다. 얼마 전 신문에는 쌀과 두부 등의 우대 상품을 받아 생활하는 일본 투자자의 삶을 취재한 기사가 나오기도 했습니다.

2) 일본의 잃어버린 30년

일본사회는 버블붕괴 이후 제대로 기지개를 펴지 못하고 활력을 잃어가는 사회가 되었습니다. 혹자는 일본의 잃어버린 20년을 말하고 있지만, 실제로는 잃어버린 30년의 시간을 보내고 있다는 주장도 제기되고 있습니다. 일본의 이런 현상은 여러 가지 원인으로 설명할 수 있지만 세 가지 주제를 통해서 그 현상을 설명하면 다음과 같습니다.

(1) 고령사회로 활력을 잃은 경제

1990년 일본의 버블붕괴 이후 일본사회는 급격히 늙어가는 사회로 변했습니다. 일본은 1990년 65세 이상 고령자 비중이 12.1%에서 시작해 2020년 28.8%까지 올라갔습니다.

다음 그래프는 OEDC 평균과 일본 그리고 우리나라의 고령인구 비중을 보여주는 그래프입니다. 중간에 검은색 그래프가 OECD 평균이고 그 위로 일본 그리고 밑으로 우리나라의 고령인구 비율입니다.

출처: OECD

고령인구가 많다는 것은 소비여력이 떨어진다는 것을 미루어 짐작할 수 있습니다. 젊은이에 비해 고령자의 소비활동이 활발하지 못한 것이 원인입니다. 한 나라의 경제는 내수와 외수, 즉 수출입을 통해 성장합니다. 특히 일본과 같이 인구 1억명이 넘는 나라는 내수가 바탕이 되어야 하는데 그 원동력이 부진하다 보니 경제성장이 제대로 이루어지지 않는 상황이 전개된 것이고 그 결과 잃어버린 30년을 보내게 된 겁니다. 다음 그래프는 1990년 이후 한국, 중국, 일본의 경제성장률을 보여줍니다. 세 나라 중에서 일본의 경제성장률이 추세적으로 바닥권에 있는 것이 보입니다. 물론 경제규모가 큰 나라가 기저효과에 의해 성장률이 낮게 나타날 수 있지만, 그래도 거의 제로성장을 하는 기간이 수년간 나타나는 모습은 활력을 잃어가는 일본경제 상황을 드러내고 있습니다.

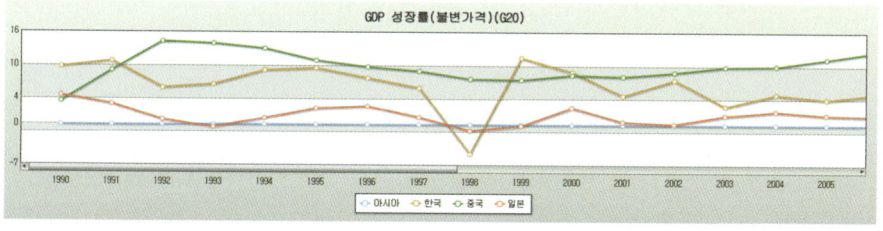

출처: 통계청

(2) 잘라파고스

갈라파고스제도는 남아메리카 동태평양에 있는 섬으로 대륙에서 멀리 떨어져 있어 고유종의 생물이 많습니다. 갈라파고스는 무엇보다 고립된 것을 의미하는 단어로 사용되는데, 갈라파고스 증후군은 전 세계적으로 쓸 수 있는 제품인데도 자국 시장만을 염두에 두고 제품을 만들어 글로벌 경쟁에서 뒤처지는 현상을 말합니다. 특히 일본과 갈라파고스의 합성어인 잘라파고스는 일본 산업을 가장 잘 표현한 단어로 알려지고 있습니다.

일본 제조업은 갈라파고스제도처럼 세계 시장을 외면하고 내수만 고집한 결과, 전 세계 시장에서 경쟁력을 잃고 있는 상황입니다. 즉 내수에만 의존해 혁신과 개발을 게을리하면서 외국 경쟁사에 자리를 뺏기고 있습니다. 특히 잘라파고스는 일본 IT산업의 현 상황을 일컫는 말로 사용되는데요. 일본 IT산업은 초창기에는 자국 시장에 특화된 독자적인 기술과 서비스 및 제품으로 주목을 받았지만, 자국 시장에만 안주한 탓에 국제 경쟁력을 점차 상실하기에 이르렀습니다. 그 결과 뛰어난 기술력에도 불구하고 세계적인 제품이 나오지 못하는 현상도 일본의 잃어버린 30년의 원인으로 꼽히고 있습니다.

(3) 정체된 정치환경

정치와 경제를 따로 봐야 한다고 생각하는 사람들이 있습니다. 그러나 그 주장은 잘못된 겁니다. 왜냐하면 모든 경제활동은 법에서 정한 틀 안에서 이루어지게 되고 그 법을 입안하는 집단이 바로 국회의원이라고 하는 정치인 집단이기 때문입니다. 그래서 경제와 정치는 동전의 양면이라고 봐야 합니다.

일본의 정치는 자민당이라는 한 정치집단에 의해 장기집권이 이어지는 상황입니다. 일본 자민당은 1955년 이후 단 3년을 제외하고 약 60년을 집권하고 있습니다. 물론 자민당 자체로도 쇄신이 이루어질 수 있지만, 현재 일본은 소선거구제의 세습, 그리고 파벌정치가 기본이 되어 있어 정권교체가 어려운 상황입니다.

이런 상황에서 정치인은 유권자의 이익보다 자신의 이익을 위해 행동하며 이런 이유로 국가 100년 대계를 제대로 구상하지 못하는 상황이 최근 10여 년간 나타나고 있다는 것이 정치전문가들의 의견입니다.

경제학도 정치도 한정된 자원을 가장 효율적인 곳에 투입해서 효율을 올리는 것이 기본이지만, 제대로 작동하지 않는 정치 시스템은 자원의 낭비는 물론 국민의 경제의욕을 저하시키는 원인이 될 수 있습니다. 이런 환경도 일본의 잃어버린 30년의 원인이 될 수 있습니다.

그러나 일본은 오랜 기간 아시아의 맹주였고, 기초체력도 여전히 튼튼합니다. 국가 시스템이 제대로 돌아가면 다시 한 번 일어설 수 있는 충분한 역량을 가지고 있으므로 일본에 관한 뉴스에 관심을 두고 일본시장도 계속해서 주목해야 합니다.

3) 일본시장에서 꼭 알아봐야 할 경제지표

① 일본 국내총생산 GDP

일본 내의 가계, 기업, 정부 등 모든 경제주체가 일정 기간 동안 생산활동에 참여해 창출한 부가가치 또는 최종 생산물을 시장가격으로 평가한 합계로 국민총생산 GNP에서 순수출(수출－수입)을 뺀 것입니다. 국내총생산에는 국내에 거주하는 비거주자(외국인)에게 지불되는 소득과 국내 거주자가 외국 용역을 제공함으로써 수취한 소득이 포함됩니다. 매 분기 10~16일 사이에 발표됩니다.

② 무역수지

무역수지의 움직임은 장기적으로는 산업의 국제 경쟁력을 반영하며, 단기적으로는 경기순환 등을 반영하기 때문에 국제수지항목 중에서 가장 중요한 것으로, 최근에는 흑자·적자의 크기가 평가절상·평가절하의 지표로 간주되고 있습니다. 또한 무역수지 지표는 GDP 예측에 중요한 역할을 담당합니다. GDP의 다른 항목이 큰 폭으로 증감되지 않고 거의 유사한 수치를 보인다고 가정할 때, 수출에서 수입을 차감한 순수출을 계산함으로써 GDP의 변동폭을 어느 정도 예측할 수 있습니다. 일본의 무역수지는 매월 두 번째 주에 발표됩니다.

③ 단칸지수 Tankan Survey

일본은행은 분기마다 약 1만 개의 기업을 대상으로 설문조사를 실시하여 기업 경기 조사보고를 발표하며, 이는 일본기업의 단기 경제 전망을 나타냅니다. 단칸지수는 대기업, 소기업, 제조업, 비제조업으로 나누어 2가지 설문조사를 하는데, 첫 부분은 판단조사 Judgement Survey 로서 기업 요건, 공장 가동률, 고용, 재고 같은 변수에 대한 기업체의 경기 판단을 묻는 질문으로 구성됩니다. 또 다른 하나는 경기확산지수 BCDI; Business Conditions Diffusion Index 로서 기업이 직면한 현재 경영상의 문제점에 관련된 질문으로 구성됩니다. 일본의 여러 경제지표 중 가장 영향력이 있는 지표는 단연 단칸지수입니다. 단칸지수는 매 분기 첫달 1~3일 사이에 발표됩니다.

④ 소비자물가지수

소비자물가지수는 소비자가 구입한 특정 상품 및 서비스 바구니의 평균 물가 수준을 측정한 것으로, 물가상승률(인플레이션)을 측정하기 위한 척도로 가장 광범위하게 쓰입니다. 소비자물가지수의 월간 변화는 인플레이션 증감률을 대표합니다. 일반적으로 인플레이션은 상품 및 서비스 가격의 상승을 의미하고, 금리는 물가상승률, 물가상승 기대치에 따라 결정되기 때문에, 물가가 오를 경우 금리 역시 오른다고 보는 것이 타당합니다. 소비자물가지수는 현재까지 핵심적인 물가지표로 자리매김하고 있습니다. 일본의 소비자물가지수는 매월 25일~말일 사이에 발표됩니다.

⑤ 국내기업상품물가

국내기업상품물가 CGPI-The Domestic Corporate Goods Price Index 는 일본기업의 상품 구매 가격을 측정하는 기업물가지수입니다. 공급한 상품과 제조의 전체 비용의 총가격에 대한 시세, 입력 재료 및 제조의 전체 비용을 변경, 회사는 이에 따라 소매가격을 조정합니다. 그러므로 공급자 측면의 가격적인 압력과 소비자물가지수 상승에 선행하는 지표입니다. CGPI지수가 오른다면 소비자물가지수가 상승하고 인플레이션에 대한 우려를 키울 수 있어 일본은행에서 금리를 조절을 통하여 인플레이션 우려에 대응하게 됩니다.

02 일본주식시장의 구성

1) 도쿄증권거래소 소속부 소개

(1) 일본시장 분류

거래소	구분	상세
도쿄	제1부	시가총액이 최소 500억 엔 이상인 대형주 위주
	제2부	시가총액이 최소 20억 엔 이상인 중형주 상장
	MOTHERS	시가총액이 최소 10억 엔 이상인 소형주 위주

(2) 거래소별 상장 현황 및 거래 규칙 (2021년 7월 말 기준)

구분	도쿄증권거래소(TSE)		
	1부	2부	MOTHERS
상장사 수	1,674	428	174
시가총액	260조 엔	3.2조 엔	1.1조 엔
거래통화	JPY		
가격제한폭	주가에 따라 상이		
최소 매매단위	종목마다 매매단위가 상이하며 대부분이 100주 단위		
매매 가능 일자	주5일(월요일~금요일), 현지 휴장일 제외		

| 매매시간 | 동시호가: 8:00~9:00
오전장: 9:00~11:30
오후장: 12:30~15:00 |

2) 일본시장의 매매거래 방법

(1) 환율/환전

환전 방법	실시간 환전	가환전
방법 안내	실시간 직접 환전	- 가상환전율로 환전 후 익일 은행고시환율로 일괄 정산하여 차액분 입출금 처리 - 차액분은 익영업일 16:35에 일괄 반영
적용 환율	은행 연계 실시간 전신환율	국내 영업일 17:00 직전 전신환율에서 ±5%
환전 가능 시간	국내 영업일: 은행고시환율 적용 후~16:50	- 국내 영업일: 17:00~23:50, 00:10~익일 은행고시환율 적용 전 - 국내 주말/공휴일: 00:10~23:50

(2) 매매 방법

구분	도쿄
거래시간 (국내시간 기준)	동시호가: 8:00~9:00 오전장: 9:00~11:30 오후장: 12:30~15:00
주문 방법/증거금	온라인: HTS 오프라인: 주문센터로 전화
종목코드	4자리
주문수량	종목별 최소 주문단위의 배수로만 주문 가능
재매매 가능 여부	재매매(Day trading) 가능
주문종류	지정가만 가능
결제일	T+2일 (국내, 일본 휴장일에 따라 결제일 지연)
거래통화	JPY

06

FX마진거래

FX마진거래란?

1) FX마진거래란?

(1) FX마진거래의 정의

FX마진거래 Foreign Exchange Margin Trading 는 2개국의 통화를 매도와 매수하는 방식으로 국제외환거래를 하는 것으로, 자본시장법상 장내파생상품이며 미국선물협회의 규정 또는 일본의 상품거래소법 등에 따라 장외에서 이루어지는 외국환거래입니다. 표준화된 계약단위(10만 단위), 소액의 증거금(거래대금의 5%) 등을 적용, 이종 통화 간 환율변동을 이용하여 시세차익을 추구하는 거래입니다.

① FX마진거래는 개인이 참여할 수 있는 국제외환거래

FX마진거래는 통상적으로 국내에서 증권사들이 개인들에게 일정 금액의 증거금만 받고 10배의 레버리지를 이용하여 국제외환시장에 참여할 수 있게 만든 것을 의미합니다. 여기서 Foreign Exchange의 약자인 FX는 Forex라고도 씁니다.

② FX마진거래는 이종통화를 거래하는 것

즉 한 번에 2개의 통화를 거래합니다. EUR/USD 1.34874에 매수하였다고 하면 앞에 있는 통화 EUR를 매수하고 뒤에 있는 통화 USD를 매도한 것을 의미합니다. 앞으로 EUR가 강세를 보일 것으로 예상이 되면 EUR를 매수하고, 반대로 USD 대비 EUR가 약세를 보일 것으로 예상되면 EUR를 매도하여 환차익을 실현합니다.

③ FX마진거래를 할 때는 해당국의 이자율 차익만큼 수익 또는 비용이 발생

앞의 사례에서 보면 표면상으로는 USD를 매도하고 EUR를 매수하는 것이지만 그 이면에는 미국은행에서 USD를 차입하여 환전 후 EUR를 유로경제권 내 은행에 예치하는 것과 같은 효과가 있습니다. 그래서 FX마진거래를 할 때는 거래통화 해당국의 이자율 차익만큼의 수익 혹은 비용이 발생하게 되는데 이를 스와프포인트 Swap Point 라고 합니다. 외환중개회사 FDM; Forex Dealer Member 에서 고시된 스와프포인트는 증권사 HTS에서 확인 가능합니다.

미결제 약정의 롤오버 기준 시간은 서머타임 실행 전 우리 시간으로 오전 7시(뉴욕의 오후 5시)를 기준으로 합니다. 롤오버 이자는 일반적으로 월, 화, 목, 금요일에 1일분 이자가 발생하고, 수요일에 3일분의 이자가 발생해 익일 결제되어 잔고에 반영됩니다. 단 해당 통화국가의 휴일에 따라 지급일수가 달라질 수 있습니다.

(2) FX마진거래의 특징
① 24시간 거래 가능

FX마진거래는 한국 표준시간 기준 월요일 오전 7시부터 뉴욕시장이 끝나는 토요일 오전 6시(서머타임 시 월요일 오전 6시~토요일 오전 5시)까지 주 5일 24시간 거래가 가능합니다. 지역 시장별로는 마감시간이 존재하지만 한 지역 거래시간이 끝나면 다른 지역에서 거래가 가능하기 때문에 24시간 매매를 할 수 있습니다. 24시간 장이 열려 있기는 해도 거래량은 유럽시장과 미국시장이 겹치는 오후 10시부터 새벽 2시(한국시간)에 가장 많습니다.

② 높은 레버리지 효과

레버리지는 수익 증대를 위해 타인의 자본을 빌려 자기자본 대비 수익률을 높이는 투자전략을 말합니다. 파생시장의 레버리지도 이와 같습니다. 예를 들어 KOSPI200지수선물의 레버리지는 약 6.7배로 증거금 15%만으로 선물 1계약을 매매할 수 있습니다.

FX마진거래도 이와 비슷한데 레버리지는 10배로 국내 KOSPI200지수선물보다 훨씬 큽니다. 증거금 10%로 1만 달러의 보증금만 있으면 10만 달러의 외환거래를 매매할 수 있습니다.

예를 들어 EUR/USD 1.3483을 1계약 매수하여 200pip이 상승한 1.3683에 매도하였을 경우, 증거금을 이용하지 않고 거래대금 전체인 10만 달러로 1계약을 매수하였다면 수익률은 $2,000/$100,000로 투하자본 대비 2%밖에 되지 않지만 10%의 증거금을 이용하여 1계약을 매매하였다면, 수익률은 $2,000/$10,000로 투하자본 대비 20% 수익을 얻을 수 있습니다(여기서 pip은 핍으로 읽으며 대부분 통화조합 Currency Pair 의 소수 4자리로, 일본은 2자리로 표시합니다. 예를 들어 200pip은 0.0200을 의미합니다).

③ 양방향거래

주식과 같은 현물은 매수한 후 올라야만 수익을 낼 수 있는 상품이지만 FX마진거래는 방향만 잘 맞으면 환율이 상승/하락 시 어느 경우에나 수익을 낼 수 있는 상품입니다. EUR/USD 통화조합에서 EUR가 USD 대비 상승할 것으로 예상이 되면 EUR/USD 매수 포지션을 취하고, EUR가 USD 대비 약세를 보일 것으로 예상이 되면 EUR/USD 매도 포지션을 취하여 수익을 얻을 수 있습니다.

④ 높은 유동성

국제외환시장은 현재 1일 거래금액이 약 3조 달러가 넘는, 세계에서 가장 자금의 흐름이 많은 금융시장으로, 규모는 전 세계 주식시장의 일일 거래량보다 약 100배 더 크며, 글로벌 선물시장보다 약 46배 더 크다고 알려져 있습니다.

거대한 유동성이 발생하는 국제외환시장에서 FX마진거래는 개인이 외국의 통화를 직접 거래할 수 있게 만들어진 장외파생상품입니다.

(3) FX마진거래에 수반되는 위험

① 외환거래의 변동

레버리지로 인해 상대적으로 적은 금액으로 대량의 외환 포지션을 취할 수 있으나, 가격이 불규칙적으로 움직이면 높은 레버리지로 인해 손실도 더욱 확대될 수 있습니다. 작은 가격 움직임이라도 포지션과 반대 방향으로 움직인다면 증거금보다 큰 손실이 발생할 가능성이 있습니다.

② 거래 상대방

FX마진거래는 거래소에 의해 보증되지 않으므로 FDM이 파산하는 경우 보호받지 못할 수 있습니다.

③ 가격 결정

거래 실행 가격은 FDM에서 결정하고 국내 금융투자회사를 통해 공정가격으로 공급합니다.

④ 시스템 오류

인터넷 또는 다른 전자 시스템으로 거래를 하는 경우 일부 시스템 오류가 발생할 수 있으며, 이 경우 일정 시간 동안 주문의 접수, 수정, 취소 등이 불가능해질 수 있습니다.

(4) FX마진거래의 호가와 가격 결정

① 호가 구조

호가는 스프레드(매도호가와 매수호가의 차이)의 간격을 두고 매도호가와 매수호가로 제시합니다. 예를 들어 EUR/USD=1.2160/1.2168과 같이 표시합니다.

- 앞의 호가는 한 단위의 기준통화를 매도할 때 받을 수 있는 호가통화의 금액(매도호가)이고,
- 뒤의 호가는 한 단위의 기준통화를 매수할 때 소요되는 호가통화의 금액(매수호가)입니다.

즉 EUR/USD 스프레드가 1.2160/1.2168로 호가 창에 표시된다면 투자자가 EUR 1를 매도 시 USD 1.2160를 받을 수 있고 EUR 1를 매수하기 위해서는 USD 1.2168를 지불해야 한다는 표시입니다. 이 스프레드는 1.2160/68의 형식으로도 표시 가능합니다.

▼ 세계 주요 통화 표시

세계 주요국의 통화 표시			
EUR	유로	USD	미국달러
CAD	캐나다달러	GBP	영국파운드
JPY	일본엔	CHF	스위스프랑

② 스프레드 표시

호가 스프레드에서 앞부분은 매도호가로, 기준통화를 매도할 때 받고자 하는 가격을 말하고, 뒷부분은 매수호가로, 기준화폐를 매도하면 받을 수 있는 가격을

말합니다.

USD/CHF 호가가 1.2430/1.2433으로 호가 창에 표시된다면, 투자자는 USD 1를 CHF 1.2430에 매도하거나 CHF 1.2433을 지불하고 매수 가능하다는 뜻입니다.

(5) 주요 용어

FX마진거래에서 초보자들이 혼란스러워하는 금융 용어 중에 FCM과 FDM이라는 용어가 있습니다. FCM Futures Commission Merchant은 말 그대로 수수료 수익을 기반으로 하는 선물회사이고, FDM은 외환중개업자, 즉 FX마진거래 중개를 전문으로 하는 금융회사입니다. FX마진거래도 법적으로는 선물거래 범주 안에 속해 있으니 두 용어 모두 우리나라에서 말하는 증권-선물회사라고 이해하면 됩니다.

미국에서는 오안다 OANDA, FXCM, CME그룹, 일본에서는 MP FX, SBI FX, GMO그룹 등과 같이, 미국선물협회 NFA나 일본금융선물거래업협회 FFAJ에 등록되어 있는 회사가 국내에서 말하는 FCM 또는 FDM에 해당합니다.

그 외에도 호가중개업자, 외환브로커, 해외 파생상품 시장회원 등 다양한 용어로 불리고 있지만, 쉽게 말해 '해외에 있는 선물회사' 정도로 생각하면 됩니다.

02

주문제도의 이해

1) 상품명세

(1) 상품명: FX마진거래(유사해외통화선물거래)

(2) 거래 대상

외화 기호 (FX Symbol)	통화조합 (Currency Pair)	통화명 (Trading Terms)
EUR/USD	Euro/US Dollar	Euro Dollar
USD/JPY	US Dollar/Japanese Yen	Dollar Yen
GBP/USD	British Pound/US Dollar	Sterling Dollar
USD/CHF	US Dollar/Swiss Franc	Dollar Swissy
USD/CAD	US Dollar/Canadian Dollar	Dollar Loonie
AUD/USD	Australian Dollar/US Dollar	Aussie Dollar
EUR/JPY	Euro/Japanese Yen	Euro Yen
EUR/GBP	Euro/British Pound	Euro Sterling
EUR/CHF	Euro/Swiss Franc	Euro Swissy
GBP/JPY	British Pound/Japanese Yen	Sterling Yen
EUR/AUD	Euro/Australian Dollar	Euro Aussie
NZD/USD	New Zealand Dollar/US Dollar	Kiwi Dollar
NZD/JPY	New Zealand Dollar/Japanese Yen	Kiwi Yen

GBP/CHF	British Pound/Swiss Franc	Sterling Swissy
GBP/AUD	British Pound/ Australian Dollar	Sterling Aussie
CHF/JPY	Swiss Franc/Japanese Yen	Swissy Yen
AUD/JPY	Australian Dollar/Japanese Yen	Aussie Yen
AUD/NZD	Australian Dollar/New Zealand Dollar	Aussie Kiwi
CAD/JPY	Canadian Dollar/Japanese Yen	Loonie Yen
EUR/NZD	Euro/New Zealand Dollar	Loonie Yen

(3) 상품 구조

① 기준통화/상대통화 (ex. EUR/USD: 기준통화 EUR, 상대통화 USD)

② 통화조합 매매 예시

- EUR/USD 매수: EUR 매수+USD 매도
- USD/JPY 매도: USD 매도+JPY 매수

(4) 기본계약단위(lot)

기준통화×100,000 (ex. EUR/USD: €100,000, USD/JPY: $100,000)

(5) 호가단위(pip)

0.0001 (단, 상대 통화가 JPY의 경우 0.01)

(6) 증거금(100,000/lot기준)

① 위탁증거금 | USD 10,000 (거래단위의 10% 수준)

② 유지증거금 | USD 5,000 (거래단위의 5% 수준)

예탁자산 평가금액이 유지증거금에 도달할 경우 반대매매를 통한 강제청산이 이루어집니다.

2) 거래시간

FDM	구분	거래시간
MP	표준시간	07:25(월)~06:58(금) 07:25(금)~06:30(토)
MP	서머타임	07:00(월)~05:58(화) 06:25(화)~05:58(금) 06:25(금)~05:30(토)
SBI	표준시간	07:25(월)~06:30(토)
SBI	서머타임	07:00(월)~05:30(화) 06:25(화)~05:30(토)

❶ 외환시장이 열리지 않는 주말(土06:30~月07:25)에는 FX마진거래를 할 수 없습니다(서머타임 적용 시에는 土05:30~月06:25).

❷ 시스템 점검시간인 오전 07:00~07:25(서머타임 적용 시에는 오전 06:00~06:25) 동안에는 FX마진거래가 불가하며, 반대매매 주문도 이루어지지 않습니다. 또한 동 시간 동안에는 은행연계 이체계좌 대체, 환전이 불가합니다.

3) 주문 종류

종류	내용	
시장가 (At Market)	매매호가를 지정하지 않는 주문 방법으로서, 발주 시 시장에서 형성되어 있는 호가로 주문이 체결됩니다. (주문 즉시 체결되나, 현재보다 불리한 호가로 체결될 수 있습니다.)	체결>>가격
지정시장가 (At Best)	연속적으로 표시되는 매수/매도 호가 중 클릭하는 순간의 호가로 주문이 나갑니다. (체결 확률을 높이기 위해 'Slippage' 범위를 설정할 수 있습니다.)	가격>체결
지정가 (Limit Entry)	호가를 지정하는 주문 방법입니다.	가격>>체결
역지정가 (Stop Entry)	향후 상승 혹은 하락 추세를 예상하여 호가가 특정 수준까지 오르면 매수, 내리면 매도하는 주문 방법입니다.	가격>>체결

IFD (If Done)	신규의 매수 또는 매도 주문이 체결될 경우, 해당 포지션을 청산하기 위한 이익실현(Limit) 혹은 손절매(Stop) 주문이 자동적으로 실행되는 주문 방법입니다(신규 주문에 한함).
OCO (One Cancels the Other)	두 개의 주문을 동시에 낸 후, 어느 한쪽의 주문이 체결될 경우 다른 한쪽의 주문이 자동적으로 취소되는 주문 방법으로, 신규 및 청산 주문에 모두 사용됩니다.
IFDOCO	신규의 매수 또는 매도 주문이 체결될 경우, 해당 포지션을 청산하기 위한 이익실현(Limit)과 손절매(Stop) 주문이 동시에 실행되는 주문 방법입니다(신규 주문에 한함).
Trailing Stop	손절매 주문(Stop Order)에 대해서만 설정 가능하며, 시장이 미청산 포지션에 유리한 방향으로 움직일 경우 손절매 가격을 사전에 지정한 pip 수만큼 자동적으로 조정해주는 기능입니다(단, Trailing Pip은 최소 10pips 이상으로 설정).
시장가 전환	미체결 상태의 지정가 주문을 시장가 주문으로 자동 전환해주는 기능입니다. ※ 모든 주문은 시장 상황에 따라 체결이 지연되거나 거부될 수 있습니다.

4) 주문 유효기간

(1) 당일

주문 유효기간이 '당일'인 경우, 주문이 당일에만 유효합니다. 즉 당일 장 마감 시까지 체결되지 않은 주문은 자동 취소됩니다.

(2) GTC Good Till Canceled

❶ 주문 유효기간이 'GTC'인 경우, 주문이 체결될 때까지 계속 유효합니다. 즉 당일 장 마감 시까지 체결되지 않은 주문은 다음 장 시작 시 자동 재주문됩니다. (지정가 또는 역지정가 주문인 경우에만 GTC주문이 가능합니다. 시장가와 지정시장가는 당일 주문입니다.)

❷ 주문 후에는 유효기간을 변경할 수 없습니다. 변경을 원할 시에는 취소 후 재주문해야 합니다.

5) 거래비용

(1) 스프레드

FX마진거래에서는 매수 및 매도 호가 간에 차이가 존재하는데 이를 스프레드라고 합니다. 투자자는 Ask 가격에 매수하고 Bid 가격에 매도하게 됩니다. 유로, 달러, 엔과 같은 주요 통화의 스프레드는 2~5pips 수준이며, 거래 빈도가 낮은 통화의 스프레드는 10pips이 넘는 경우도 있습니다.

(2) 롤오버 이자(스와프포인트)

FX마진거래에서는 투자자가 보유 포지션을 당일 내에 청산하지 않고 익일로 롤오버시키는 방식으로 거래 포지션을 유지할 수 있습니다. 이때 통화 간 이자율 차이에 따른 롤오버 비용이 발생하는데 이를 스와프포인트라고 합니다. 만약 보유 포지션에 대한 이자 지급 또는 수취를 원하지 않을 경우에는 보유 포지션을 장 마감 이전에 청산해야 합니다.

외환시장의 결제는 T+2일 기준이므로, 월/화/목/금요일 롤오버에 대해서는 1일분의 이자가, 수요일에 대해서는 3일분의 이자가 발생합니다. 참고로, 각국 휴일로 인해 4일 이상의 이자가 발생하는 경우도 있습니다.

(3) 거래수수료

FX마진거래 중개회사에서 부과하는 수수료를 말합니다.

6) 위탁/유지증거금

FX마진거래를 하기 위해서는 거래단위당 계약금액의 10% 수준에 해당하는 위탁증거금(USD 10,000)을 예치하여야 하며, 보유 포지션이 유지되기 위해서는 예탁자산 평가금액이 최소한 위탁증거금의 50% 수준인 유지증거금(USD 5,000) 이상이 되어야 합니다.

7) Rollover이자(swap point)

스와프포인트란 금리가 서로 다른 두 종류의 통화를 매매함으로써 발생하는 '금리차 조정분'을 말합니다. 예를 들어 금리가 낮은 통화를 매도하고 이보다 금리가 높은 통화를 매수했을 경우, 금리의 차액분을 수취하게 됩니다. 상대적으로 금리가 높은 통화를 보유하고 있는 동안에는 상대 통화와의 금리차만큼의 금액을 매일 수취하게 되는 것입니다. 이와는 반대로, 금리가 높은 통화를 매도하고 이보다 금리가 낮은 통화를 매수했을 경우에는 금리차를 지급하게 되어 손실이 발생합니다.

8) 마진콜 및 강제청산

FX마진거래 시장은 시시각각 변하며 24시간 운영되기 때문에 리스크 관리가 무엇보다 중요합니다. 하지만 투자자가 직접 24시간 동안 시장의 상황을 모니터링하며 대응을 할 수는 없으므로, 이러한 시장 리스크에 대비하여 일정 범위 이상의 손실을 방지할 수 있도록 마진콜 Margin Call 통보와 강제청산 Loss Cut 제도를 시행합니다.

마진콜이란 불리해진 포지션을 유지하기 위하여 추가 증거금 납부를 요구하는 것으로, 예탁자산 평가금액이 특정 수준을 하회할 경우(포지션증거금의 70%) HTS의 팝업 또는 SMS(신청자에 한함)를 통해 투자자에게 즉시 통보합니다. 마진콜이 통보되면 해당 포지션에 대해 강제청산이 임박하였음을 의미하므로, 통보를 받은 후 가급적 빠른 시간 내에 증거금을 추가로 입금하거나 해당 포지션의 일부 또는 전부를 청산해야 합니다.

   또한 마진콜 통보 이후 가격변동 등으로 인하여 예탁자산 평가금액이 위탁증거금의 50%(즉 유지증거금)에 미달될 경우 시스템이 자동적으로 모든 포지션을 강제청산하여 손실의 범위를 한정 짓게 됩니다.

   국내 주식거래와 달리 가격제한폭의 개념이 없는 FX마진거래 시장이 급변할 경우 이와 같은 마진콜 및 강제청산 장치가 마련되어 있지 않으면 위탁증거금뿐만 아니라 예탁자산 전체가 손실로 이어질 수 있으며, 심지어 원금 초과 손실분에 대한 추가 지급을 요구당할 수도 있으므로 많은 주의가 필요합니다.

07
야간선물 옵션거래

야간선물옵션거래란?

야간선물옵션거래는 크게 CME글로벌 시장과 EUREX글로벌 시장으로 구분해서 볼 수 있습니다.

1) CME연계 글로벌 시장

코스피200선물과 미국달러선물이 주간 정규 거래시간 이외에도 야간 시간 동안 시카고선물거래소CME와 연계하여 거래되는 시장을 의미합니다. 매매체결은 CME그룹의 글로벡스Globex에서 이루어지고, 청산 및 결제는 한국거래소KRX가 담당하게 됩니다.

2) EUREX연계 글로벌 시장

독일파생상품거래소EUREX에 미니코스피200선물, 코스피200옵션을 기초자산으로 하는 1일물 선물을 상장 및 거래하는 시장입니다. 장 종료 후 선물 미결제약정을 한국거래소의 코스피200옵션, 미니코스피200선물 미결제약정으로 이전함으로써 한국거래소 코스피200옵션, 미니코스피200선물을 정규 거래시간이 아닌 야간에도 거래할 수 있게 하는 시장을 가리킵니다.

02 거래제도의 이해

1) CME연계 글로벌 시장

(1) 거래 가능 상품

한국거래소 코스피200선물, 미국달러선물을 정규 거래 시간 이외의 야간 시간 동안 CME와 연계하여 코스피200선물, 미국달러선물을 거래할 수 있는 시장입니다.

(2) 주요 거래제도

구분	코스피200선물	미국달러선물
기초자산	코스피200지수(스프레드 제외)	미국달러(스프레드 제외)
거래시간	18시~익일 05시	
기준가격	익일 정규거래의 기준가격과 동일한 기준가격 적용	
가격제한폭	±5%(정규시장 ±8, 15, 20%)	±2.25%(정규시장 ±4.5%)
주문한도수량	100계약(정규시장 1,000계약)	1,000계약(정규시장 5,000계약)
주문의 종류	지정가만 가능(FOK, IOC 조건부여 가능)	
주문의 정정	수량 증가 정정 및 수량/가격 동시 정정 가능(정규시장 불가)	
주문의 취소	전량취소만 가능, 일부 취소 불가(수량 정정으로 대체)	

거래체결	접속거래(단일가 제외)
일일정산/청산/결제	익일 정규시장분과 합산하여 익일 정규시장 종료 후 함께 처리
정산가격	익일 정규시장 종가

(3) 코스피200선물 거래 시 유의사항(주문상 유의사항)

- **지정가주문**(IOC, FOK)**만 가능**
  - **IOC** | 부분체결 및 잔량취소 Immediate or Cancel 의 약자로, 당해 주문 접수시점에서 주문수량 중 체결 가능한 수량에 대해 매매거래를 성립시키고 미체결 잔량은 취소하는 조건의 주문입니다.
  - **FOK** | 전량체결 및 전량취소 Fill or Kill 의 약자로 글로벌 거래 종료 시까지 미체결 주문일 경우 자동으로 주문취소 처리되며, 익일 장중 주문으로 포함되지 않습니다(야간시장과 정규시장 분리).

2) EUREX연계 글로벌 시장

(1) 거래 가능 상품

EUREX에서 코스피200선물, 미니코스피200선물, 코스피200옵션, 미국달러선물을 기초자산으로 하는 1일물 선물을 상장 및 거래하고, 장 종료 후 선물 미결제약정을 한국거래소의 코스피200선물, 미니코스피200선물, 코스피200옵션, 미국달러선물 미결제약정으로 이전함으로써 한국거래소의 코스피200선물, 미니코스피200선물, 코스피200옵션, 미국달러선물을 정규 거래시간이 아닌 야간에도 거래할 수 있게 하는 시장을 가리킵니다.

(2) 주요 거래제도

구분	코스피200선물·옵션	미니코스피200선물	미국달러선물
기초자산	코스피200선물·옵션(KRX)	미니코스피200선물(KRX)	미국달러선물(KRX)
거래시간	18시~익일 05시(유럽의 서머타임인 경우 18:00~익일 04시)		
거래승수(원)	250,000	50,000	10,000
기준가격	KRX 장 종료 후 산출하는 익일 기준가		
가격제한폭	(선물) ±20% (옵션) 코스피200지수 ± 20% 변동 시의 이론가격	±20%	±4.5%
상장범위	KRX에 상장되어 있는 코스피200선물·옵션, 미니코스피200선물, 미국달러선물 종목 중 최종거래일이 도래한 종목을 제외한 전 종목		
최종거래일	상장 당일		
호가단위	(선물) 0.05P: 12,500원(옵션) 프리미엄 10 이상: 0.05P(12,500원) 프리미엄 10 미만: 0.01P(2,500원)	0.02P: 1,000원	0.1원: 1,000원
결제 방법 (이원화)	- 당일 발생 매매차익: 현금결제 - 순미결제약정을 KRX에서 동일 종목 매수/매도 포지션 실물인수도: 실물결제		
최종결제가격	KRX시장의 종목별 익일 기준가격		
결제통화	원화(KRW)		

(3) 거래 시 유의사항

① 주문상 유의사항

지정가 주문만 가능하고 호가 취소 또는 정정 주문은 가능하나, 가격 정정 시 호가의 시간 우선순위는 소멸됩니다.

② 증거금 관련사항

- 기본적으로 증거금 관리는 정규 시장의 증거금 산식과 동일하나, 증거금에 수수료를 합산하여 적용한다는 차이점이 있습니다(수수료에 의한 미수를 방지하기 위한 목적).

- EUREX시장의 매매분은 익일 정규장의 매매분에 합산하여 처리되므로 별도의 추가증거금이 발생하지 않습니다.

해외시장 시황분석

해외주식시장에 투자할 때 꼭 필요한 것은 해외주식시장의 시장상황에 대한 분석입니다. HTS에서는 미국주식시장과 중국주식시장에 대한 시황분석자료를 얻을 수 있습니다.

다음 화면에서와 같이 '투자정보 … 글로벌주식정보'에서 미국시황이나 중국시황을 찾아볼 수 있습니다.

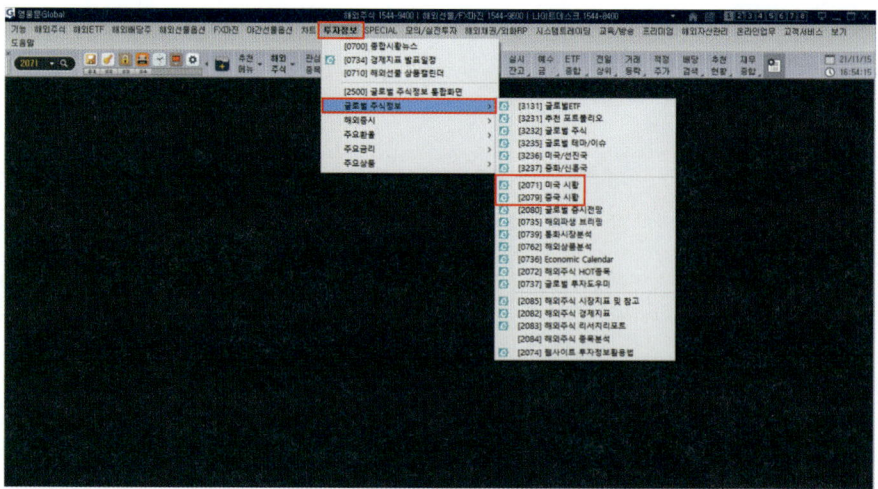

1) 미국주식시장 시황

미국주식시황을 클릭하면 다음과 같이 키움증권 웹사이트로 이동해서 해당되는 내용을 검색할 수 있습니다.

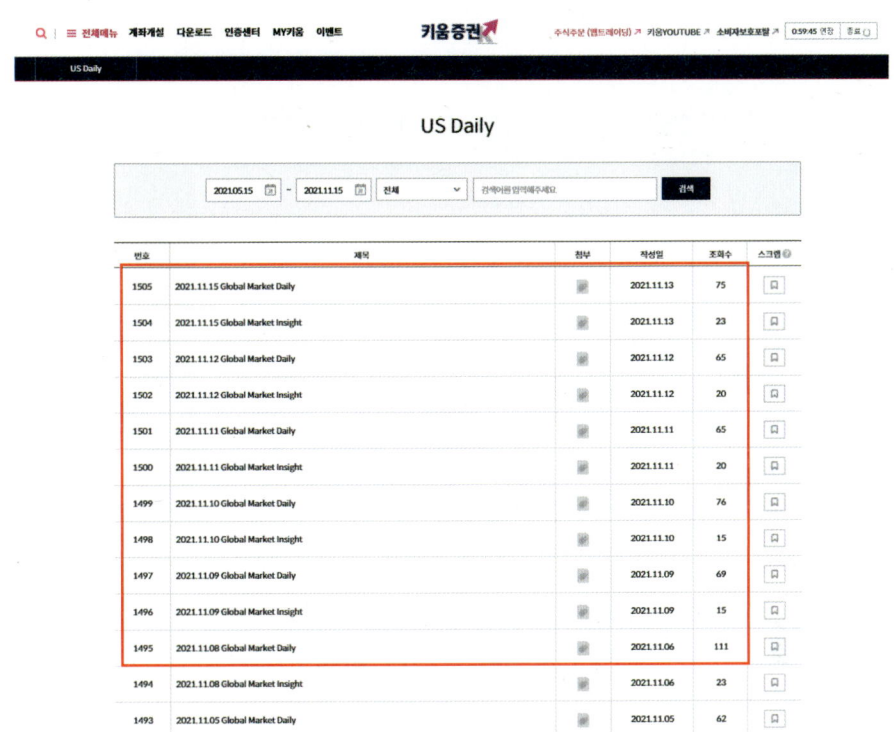

현재 제공되는 자료는 글로벌시장의 데일리 자료와 인사이트 자료가 있으며 관심 있는 자료를 클릭하면 다음과 같은 시황자료를 얻을 수 있습니다.

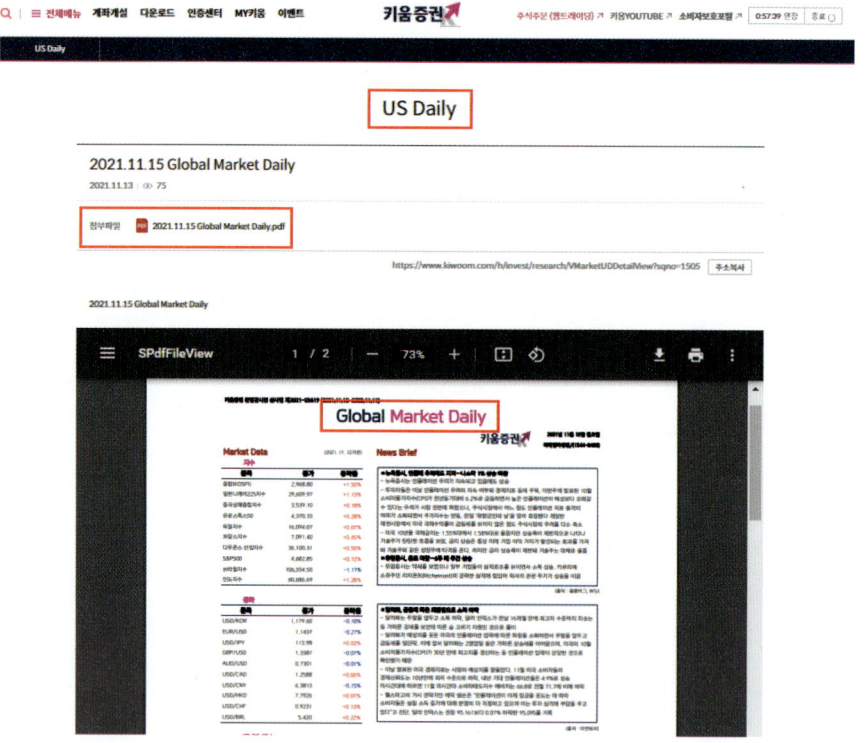

2) 중국주식시장 시황

중국주식시장 시황도 미국주식시장 시황과 마찬가지로 '중국시황'을 클릭하면 키움증권 홈페이지로 이동해서 다음과 같은 자료를 검색해볼 수 있습니다.

현재 중국시황과 관련해서는 홍차타임이란 이름으로 시황이 제공되는 데 데일리 자료와 위클리 자료가 있습니다. 이 중 위클리 자료를 클릭해보면 다음과 같은 내용의 자료를 얻을 수 있습니다.

경제지표 발표일정
확인(0734)

HTS에서 경제지표 발표일정을 살펴볼 수 있습니다. 다음 화면과 같이 '투자정보 → 경제지표 발표일정'을 클릭하면 다음과 같은 화면을 볼 수 있습니다.

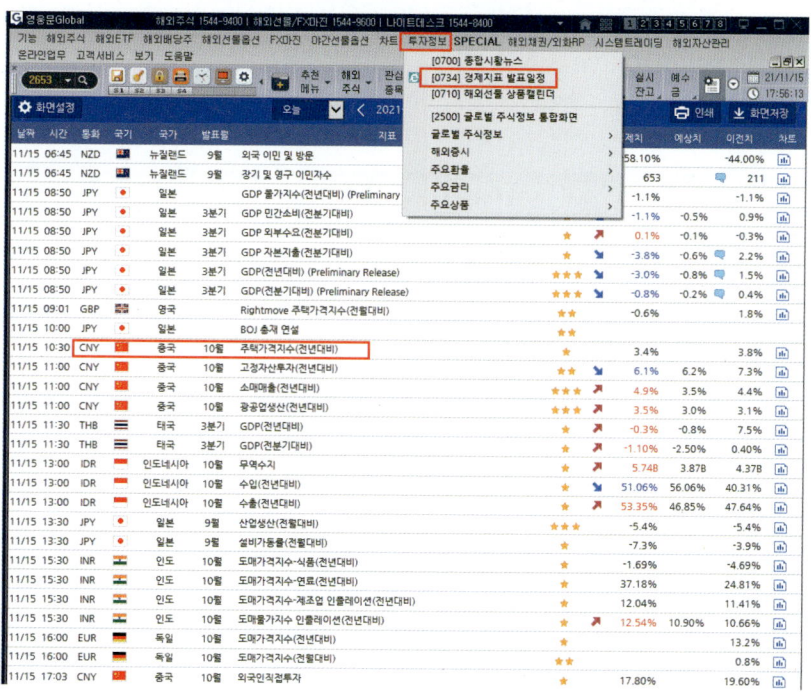

그리고 확인하고자 하는 지표를 클릭하면 선택한 지표의 자세한 동향을 확인할 수 있습니다. 예를 들어 중국의 2021년 10월 주택가격지수를 클릭하면 다음과 같은 화면이 나타납니다.

그리고 선택한 지표가 어떤 내용인지를 알아보기 위해서는 지표설명을 클릭하면 자세한 설명을 얻을 수 있습니다.

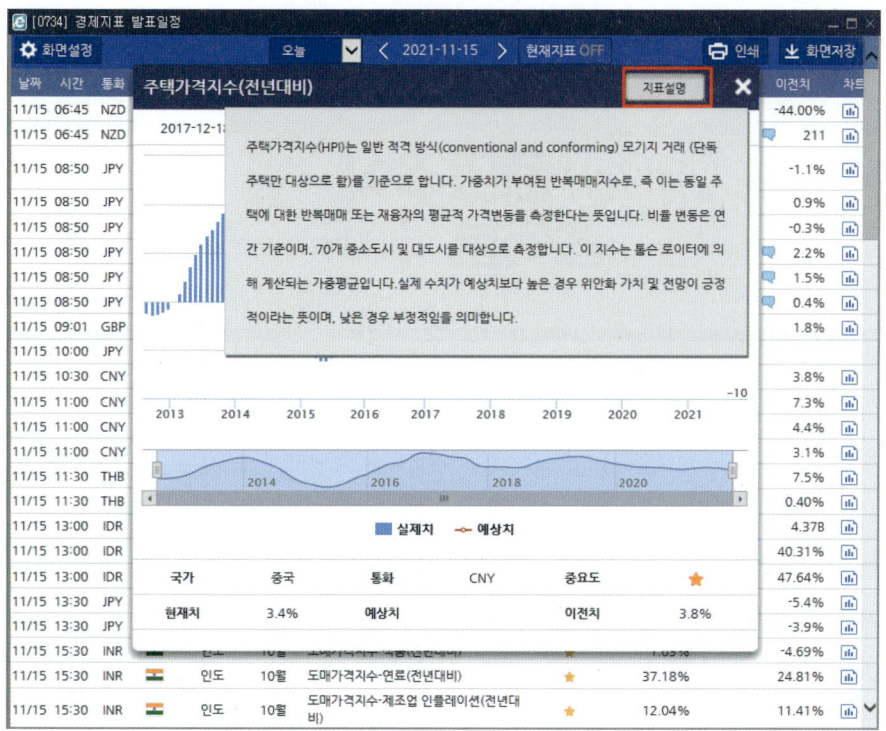

　이렇게 확인하고자 하는 지표를 꾸준히 추적하면 주식시장을 이해하는 데 큰 도움을 얻을 수 있습니다.

해외주식
종목분석(2084)

해외주식 종목을 구체적으로 분석하기 위해서는 종목의 내용과 재무제표 그리고 주요 공시 내용과 뉴스 등을 검색할 수 있어야 합니다. 해외주식 종목분석은 (2084)화면에서 조회가 가능한데, 다음과 같이 현재가 화면에서 바로 종목분석 화면으로 이동할 수도 있습니다. 그림에서와 같이 현재가 화면에서 '기'를 선택하면 기업분석 화면으로 이동합니다. 이어지는 사례는 애플을 통해서 살펴보겠습니다.

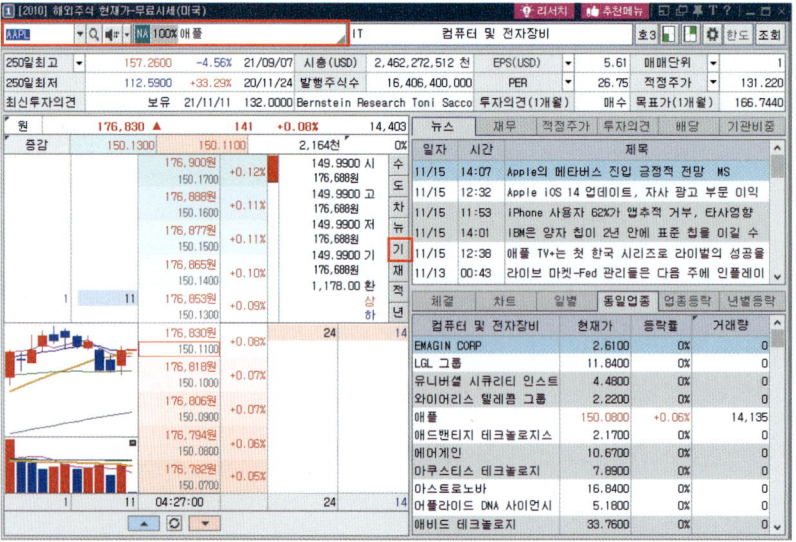

1) 종목 개요

해외주식의 종목의 대체적인 내용은 종목 개요에서 알아볼 수 있습니다. 이 화면에는 회사소개를 비롯해서 투자의견분포, 기본정보, 목표주가추이, 가격정보, 뉴스 및 공시, 실적전망, 주주정보, 매출구성과 배당정보 등이 자세히 나와 있습니다.

그리고 그 내용은 PDF파일로 저장도 가능하고, 프린터를 통해 출력도 가능합니다.

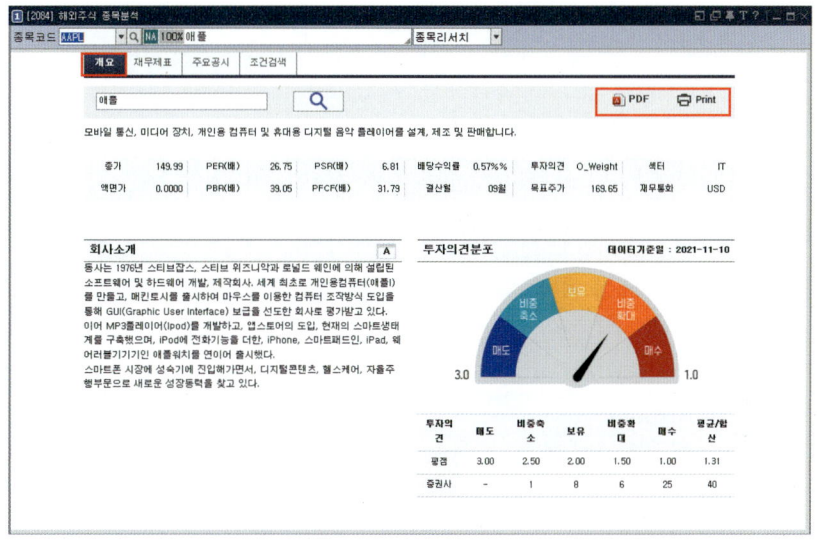

2) 재무제표

해외주식의 재무제표는 재무제표 항목을 클릭하면 나타납니다. 여기서는 기본적인 재무제표인 손익계산서, 재무상태표, 현금흐름표를 찾아볼 수 있습니다. 또한 주요 재무비율도 같이 볼 수 있습니다.

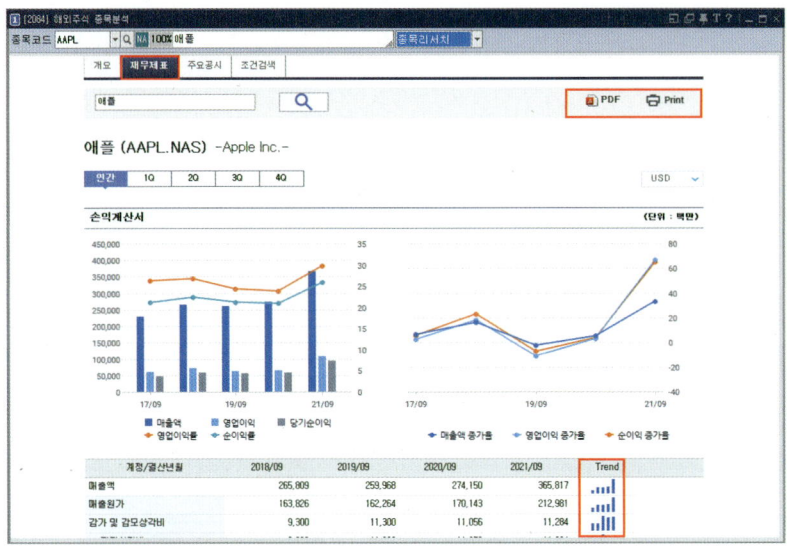

 이 또한 PDF파일이나 프린터로 출력이 가능한데 재미있는 것은 각 재무제표 항목별로 추세를 확인할 수 있는 기능입니다. 오른쪽 밑에 있는 'Trend'를 클릭하면 재무항목의 추세를 볼 수 있는데 다음은 애플의 매출액 추이를 보여주는 화면입니다.

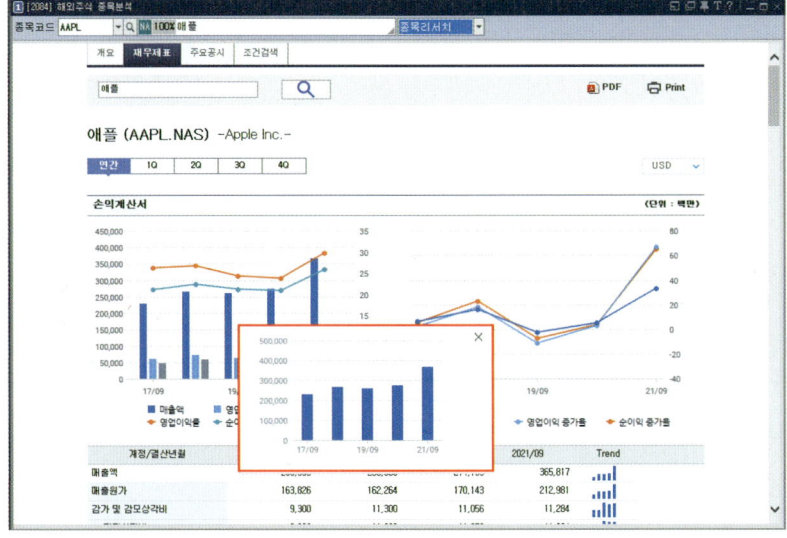

3) 주요 공시 내용

해외주식의 종목별 공시 내용도 종목분석에서 알아볼 수 있습니다. '주요공시'에는 현금배당, 주식병합, 주식분할, 무상증자 등에 대한 내용이 포함되어 있습니다.

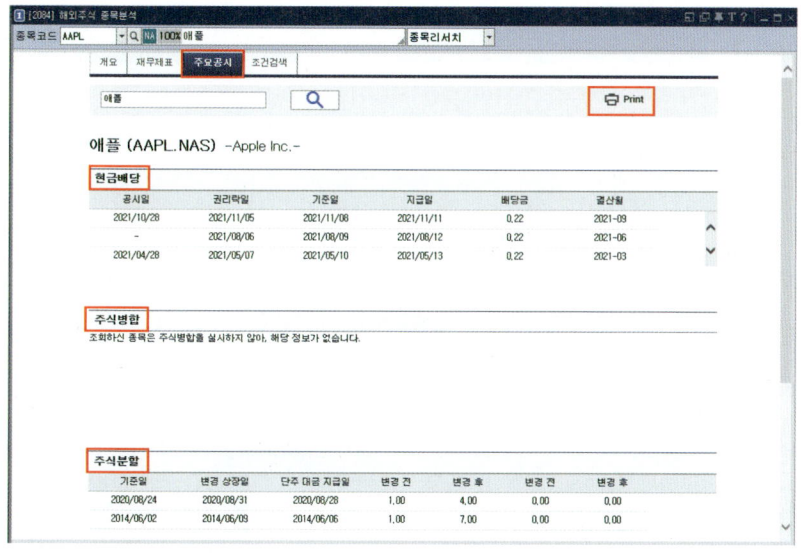

해외주식 차트 보기

해외주식 차트는 HTS에서 다양하게 검색할 수 있습니다. 다음 그림에서와 같이 해외주식 종합차트, 업종종합차트, 멀티차트, 비교차트, 재무차트, 버블차트 등을 통해 차트분석을 할 수 있습니다.

1) 해외주식 종합차트

해외주식 종합차트는 가장 기본이 되는 차트입니다. 종목 검색은 종목명 옆에 있는 돋보기를 누르면 미국, 홍콩, 중국, 싱가포르 시장에 상장된 종목을 검색해서 차트를 볼 수 있습니다. 그리고 업종 종목을 검색하면 각 시장에 상장된 업종 종목이 한꺼번에 검색이 됩니다. 현재 검색된 종목은 업종 종목 중 '에너지 및 관련 서비스'에 해당하는 종목입니다.

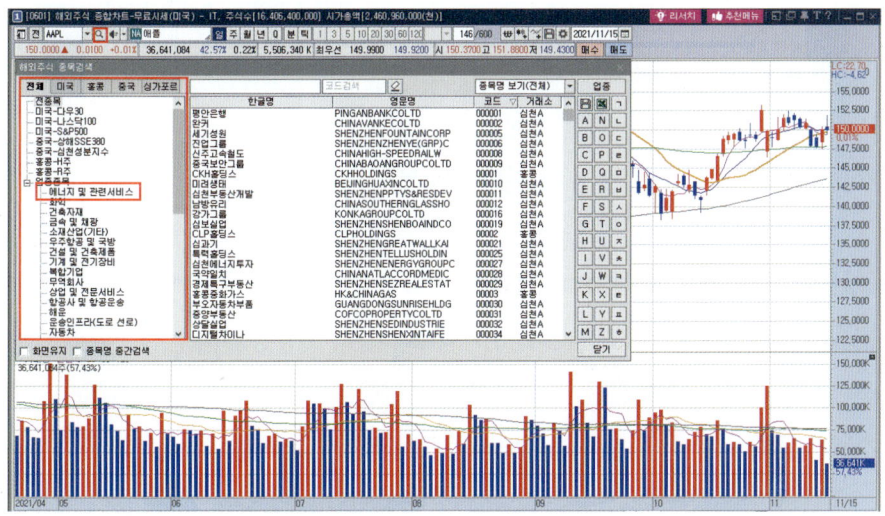

2) 해외주식 업종종합차트

해외주식업종 종합차트는 미국, 중국, 홍콩에 상장된 기업들이 속한 업종차트를 검색하는 차트입니다. 현재 화면은 다우지수를 구성하는 업종 중 '다우 기초재료' 업종의 차트입니다. 해당 업종의 차트를 분석한 후 개별 종목을 찾아보면 보다 효과적으로 종목차트 분석이 가능합니다.

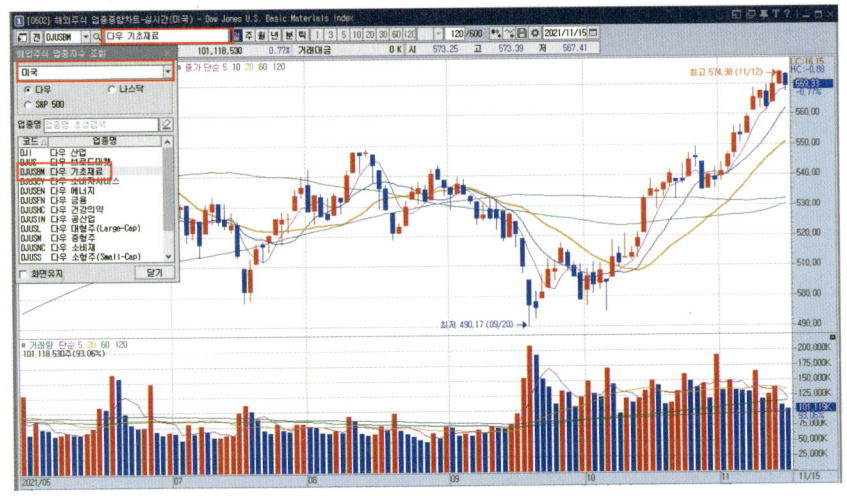

3) 해외주식 멀티차트

해외주식 멀티차트는 복수의 종목을 한눈에 볼 수 있는 차트입니다. 차트의 개수는 다양하게 설정할 수 있습니다. 현재는 2×2, 즉 4개 종목을 볼 수 있는데, 좌측 상단에 표시된 아이콘을 누르면 개수를 정할 수 있는 칸이 나타납니다. 멀티차트를 통해 서로 다른 종목의 기술적 흐름을 동시에 분석할 수 있습니다.

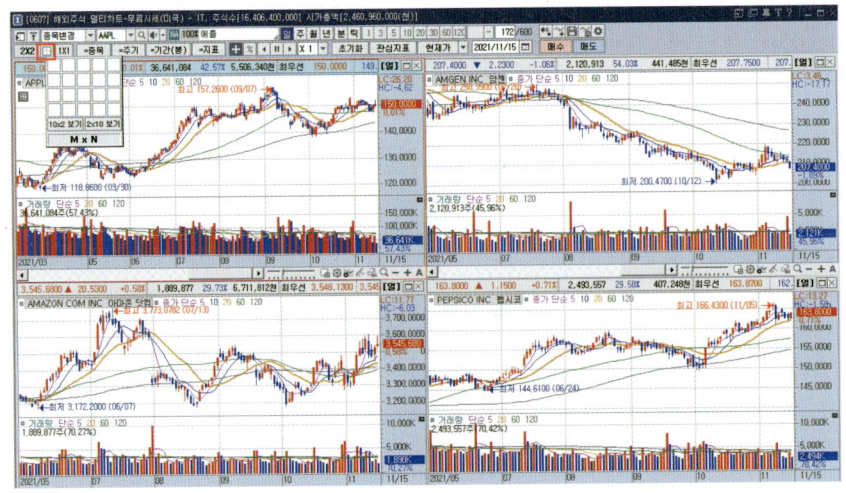

4) 해외주식 비교차트

해외주식 비교차트는 해외주식을 상호 비교하는 차트입니다. 멀티차트가 격자형으로 이루어졌다면 비교차트는 상하로 비교할 수 있는 차트입니다. 현재는 미국 주식 중 애플, 암젠, 시스코 시스템즈 등 3종목을 비교해보는 그림입니다.

특히 우측 상단에 있는 콤보박스를 눌러보면 차트의 형태를 '종가선차트'와 '봉차트'로 구분해서 볼 수 있는 기능이 있습니다. 현재는 '봉차트'로 설정이 된 상태입니다.

5) 해외주식 재무차트

해외주식 재무차트는 해당 종목의 봉차트와 각종 재무지표를 동시에 분석할 수 있는 기능을 가지고 있습니다. 현재는 애플의 영업이익, 순이익, PER, 총자산을 나타내고 있지만 재무지표는 좌측에 있는 항목을 필요에 따라 변경 또는 추가할 수 있습니다.

6) 해외주식 버블차트

해외주식 버블차트는 일종의 조건 검색을 만족하는 종목들을 주가변동률과 비교해서 분석하는 차트입니다.

그림과 같이 미국주식 전체에 대해 시가총액 5억 초과 10억 이하, 거래량(3개월) 5만 주 초과 25만 주 이하, 거래대금(3개월) 50만 달러 초과 250만 달러 이하, 주가 40달러 초과 60달러 이하의 조건을 만족하는 종목이 현재 세 종목 검색되었고, 이들의 주가변동률은 가로축인 X축이 일일 등락률, 세로축인 Y축이 5일 간의 변동률을 나타내고 있습니다. 그리고 원의 크기는 시가총액을 보여줍니다.

버블차트를 통해 조건을 만족하는 종목의 시가총액 크기별로 어느 정도의 주가변동을 보였는가를 살펴볼 수 있습니다. 상대적으로 주가변동률이 큰 종목은 최근 시장에서 움직인 것으로, 주가변동률이 작은 종목은 시장에서 주목을 받지 못한 종목으로 분석해도 무방합니다.

그리고 각 원에 마우스포인트를 대면 종목에 대한 세부사항을 살펴볼 수 있습니다.

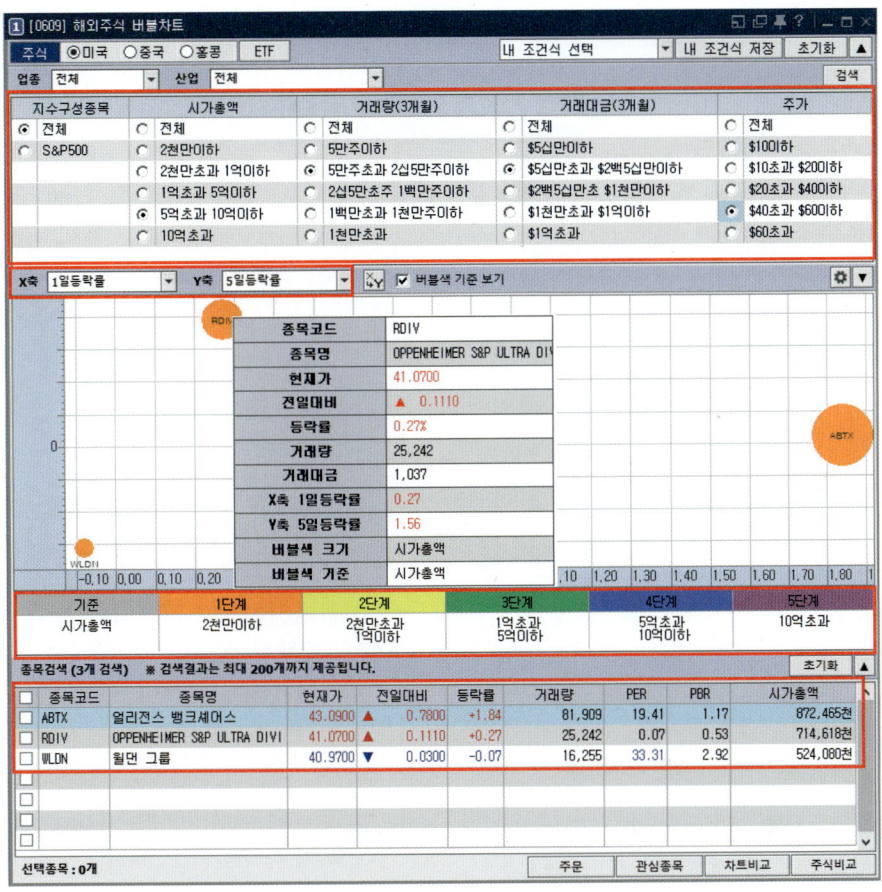

05
주요 상품시세 확인하기

주가와 주요 상품가격은 밀접한 관계를 가지고 있습니다. 상품이란 반도체, 원유, 금속, 농산물 등을 말하는데 이들 상품가격은 제품의 원가를 구성하는 요소가 되어 물가에 직접적인 영향을 미칩니다. 즉 상품가격이 상승하면 인플레이션이 발생하게 되고, 상품가격이 하락하면 인플레이션이 완화되는 현상을 보이게 됩니다.

따라서 상품가격을 면밀히 분석하는 것은 주식투자에 기본이 되는 작업입니다. HTS에서는 다양한 상품가격을 조회하고 또 차트를 통해 추세를 확인할 수 있습니다.

1) 상품시세 확인(0760)

상품시세확인은 '투자정보 ···▶ 주요상품'에서 시세 확인이 가능합니다.

현재 제공되고 있는 주요 상품시세는 반도체에서 DDR 디램반도체와 NAND 플래시 메모리반도체 등이 있고, 원유에는 서부텍사스산 중질유WTI와 북해산 브렌트Brent유, 그리고 우리나라에서 가장 많이 도입하는 중동산 두바이Dubai유의

선물 및 현물가격이 제공되고 있습니다. 또한 금속에는 금, 은, 구리(동), 알루미늄, 아연, 주석, 니켈, 납 등이 있고, 농산물에는 옥수수, 소맥(밀), 대두(콩), 원면, 커피 등이 있으며, 달러가치를 잘 나타내는 달러인덱스도 제공되고 있습니다.

종류	품목	현재가	전일대비	등락률	1개월전대비	3개월전대비	시간
반도체	DDR3 2Gb 256Mx8 1333/1600MHz	2.75	0	0%	-3.85%	-11.58%	11/15 16:00
	DDR3 4Gb 512Mx8 1333/1600MHz	3.71 ▲	0.01	0.27%	0%	0%	01/19 16:00
	NAND 32Gb 4Gx8 (MLC)	2.76	0	0%	0%	0%	02/19 16:00
	NAND 64Gb 8Gx8MLC	2.43 ▲	0.01	0.41%	-1.62%	-2.41%	11/15 16:00
원유	WTI, 뉴욕 선물	80.88 ▲	0.09	0.11%	-1.70%	20.20%	11/15 16:00
	Dubai, 중동산 현물	80.89 ▼	0.68	-0.83%	-2.53%	17.40%	11/15 16:00
	Brent, 북해산 선물	82.05 ▼	0.12	-0.15%	-3.31%	18.04%	11/15 16:00
금속	금, 뉴욕근물	1,866.10 ▼	1.80	-0.10%	5.60%	4.43%	11/15 16:00
	은, 뉴욕근물	25.10 ▼	0.23	-0.91%	7.63%	5.55%	11/15 16:00
	구리 (전기동), LME 현물	9,845.00 ▼	9.50	-0.10%	-6.73%	4.99%	11/15 23:00
	알루미늄, LME 현물	2,678.00 ▲	2.00	0.07%	-15.33%	1.29%	11/15 23:00
	아연, LME 현물	3,266.00 ▼	4.00	-0.12%	-13.94%	8.43%	11/15 23:00
	주석, LME 현물	38,950.00 ▼	300.00	-0.76%	0%	8.00%	11/15 23:00
	니켈, LME 현물	19,950.00	0	0%	0.45%	2.28%	11/15 23:00
	납, LME 현물	2,389.00 ▼	3.00	-0.13%	-0.54%	-1.26%	11/15 23:00
농산물	옥수수, 시카고근월	576.40 ▼	0.60	-0.10%	9.67%	2.09%	11/15 16:00
	소맥, 시카고근월	826.20 ▲	9.20	1.13%	12.56%	8.65%	11/15 16:00
	대두, 시카고근월	1,257.20 ▲	13.00	1.04%	3.25%	-8.63%	11/15 16:00
	원면, 뉴욕근월	117.62 ▼	0.07	-0.06%	9.59%	24.01%	11/15 16:00
	커피, 뉴욕근월	222.75 ▲	3.05	1.39%	9.51%	21.59%	11/15 16:00
금융	달러인덱스, (ICE근월)	95.41 ▲	0.29	0.30%	1.56%	3.01%	11/15 16:00

2) 상품차트(0761)

상품가격은 일자별로 조회가 되지만 추세를 알아보기 위해서는 상품차트를 확인해야 합니다. 상품차트는 다음과 같습니다.

차트에서 보는 바와 같이 상품 분류별로 상품항목을 선택할 수 있고, 또 바로 해당 항목의 아이콘을 누르면 신속하게 차트 조회가 가능합니다. 그러나 구체적인 가격 움직임이 알고 싶은 경우 차트 우측 상단에 있는 '수치'를 누르면 다음과 같이 일자별 가격정보와 차트를 동시에 확인할 수 있습니다.

주요 환율시세 확인하기

국제금융시장에서 자금의 흐름을 파악하기 위해서는 강세통화와 약세통화를 구분할 줄 알아야 합니다. 이는 환율 동향을 통해서 살펴볼 수 있습니다. HTS에서는 '투자정보 ⋯ 주요환율'에서 다양한 환율정보를 얻을 수 있습니다.

1) 주요 통화 기준환율

기준환율은 외국환은행이 고객과 원화와 미국달러화를 매매할 때 기준이 되는 환율을 말하고 시장평균율이라고 합니다. 현재 원/달러 환율을 포함해서 재정환율을 구해 총 19개 통화에 대한 기준환율이 고시되고 있습니다. 그림에서 보이는 원화환율이 원/달러 환율을 기초로 계산한 재정환율입니다.

국가명	통화명	현재가	전일대비	등락률	1개월전...	3개월전...	원화환율	시간
한국	원/달러	1,179.80 ▲	1.40	0.12%	-0.22%	0.92%	1,179.80	11/16 11:06
유럽	달러/유로	1.1436 ▼	0.0008	-0.07%	-1.41%	-2.99%	1,347.6182	11/15 16:00
일본	엔/달러	113.9600 ▲	0.0600	0.05%	-0.36%	4.43%	1,034.0470	11/15 16:00
영국	달러/파운드	1.3426 ▲	0.0015	0.11%	-2.03%	-3.12%	1,582.1198	11/15 16:00
스위스	스위스프랑/달러	0.9208 ▼	0.0003	-0.03%	-0.27%	1.08%	1,279.7567	11/15 16:00
캐나다	캐나다달러/달러	1.2522 ▼	0.0028	-0.22%	1.17%	-0.42%	941.0637	11/15 16:00
호주	달러/호주달러	0.7359 ▲	0.0029	0.40%	-0.78%	0.34%	867.1845	11/15 16:00
중국	위안/달러	6.3827 ▲	0.0031	0.05%	-0.83%	-1.45%	184.6240	11/15 16:00
홍콩	홍콩달러/달러	7.7907 ▲	0.0001	0%	0.16%	0.08%	151.2572	11/15 16:00
싱가포르	싱가포르달러/달러	1.3513 ▼	0.0013	-0.10%	0.22%	-0.28%	872.0491	11/15 16:00
대만	대만달러/달러	27.7600 ▼	0.0300	-0.11%	-0.68%	-0.25%	42.4495	11/15 16:00
태국	바트/달러	32.6600 ▼	0.0900	-0.27%	-2.23%	-2.20%	36.0806	11/15 16:00
필리핀	필리핀페소/달러	50.0850 ▲	0.2970	0.60%	-1.24%	-1.05%	23.5280	11/15 16:00
말레이시아	링기트/달러	4.1615 ▲	0.0080	0.19%	0.08%	-1.79%	283.1671	11/15 16:00
인도네시아	루피아/달러	14,176.1500 ▼	15.0500	-0.11%	0.79%	-1.36%	8.3125	11/15 16:00
아르헨티나	아르헨티나페소/달	100.3066 ▲	0.1278	0.13%	1.17%	3.36%	100.3066	11/15 16:00
브라질	레알/달러	5.4570 ▼	0.0010	-0.02%	-0.04%	4.28%	215.9428	11/15 16:00
멕시코	멕시코페소/달러	20.6220 ▲	0.1010	0.49%	1.40%	3.72%	57.1428	11/15 16:00
뉴질랜드	달러/뉴질랜드달러	0.7060 ▲	0.0016	0.23%	-0.06%	0.50%	831.9504	11/15 16:00

2) 환율시세

환율시세는 하루 동안의 시세를 나타낸 표입니다. 현재 원/달러 환율을 포함해서 8개 통화에 대한 일별 시세가 제공되고 있습니다.

국가명	통화명	현재가	전일대비	등락률	시가	고가	저가	시간
한국	원/달러	1,180.20 ▲	1.80	0.15%	1,183.00	1,183.20	1,179.60	11/16 11:15
일본	엔/달러	113.9600 ▲	0.0600	0.05%	113.9200	114.0400	113.7500	11/15 16:00
유럽	달러/유로	1.1436 ▼	0.0008	-0.07%	1.1448	1.1464	1.1433	11/15 16:00
영국	달러/파운드	1.3426 ▲	0.0015	0.11%	1.3415	1.3444	1.3402	11/15 16:00
스위스	스위스프랑/달러	0.9208 ▼	0.0003	-0.03%	0.9210	0.9214	0.9186	11/15 16:00
대만	대만달러/달러	27.7600 ▼	0.0300	-0.11%	27.7900	27.8300	27.7300	11/15 16:00
홍콩	홍콩달러/달러	7.7907 ▲	0.0001	0%	7.7912	7.7930	7.7896	11/15 16:00
싱가포르	싱가포르달러/달러	1.3513 ▼	0.0013	-0.10%	1.3521	1.3529	1.3501	11/15 16:00

3) 환율차트

환율차트는 개별 국가의 환율의 시세흐름을 볼 수 있는 화면입니다. 시세와 환율을 같이 볼 수도 있지만, 우측 상단의 '차트'를 누르면 시세가 없어지고 차트만 볼 수 있게 됩니다.

4) 환율 상대비교차트

환율 상대비교차트는 각국 환율 간의 상대적인 움직임을 파악할 수 있는 차트입니다. 상대적으로 상승률이 큰 통화가 약세통화이고, 상승률이 작거나 오히려 하락한 통화가 강세통화가 됩니다. 그림은 한국원화와 일본엔화 간의 최근 3개월간의 상대적인 움직임인데 빨간색의 원화는 0.3% 상승한 반면 파란색의 일본 엔화는 3.75% 상승했으므로 최근 3개월간 일본엔화의 가치가 상대적으로 더 많이 떨어졌다는 것을 알 수 있습니다.

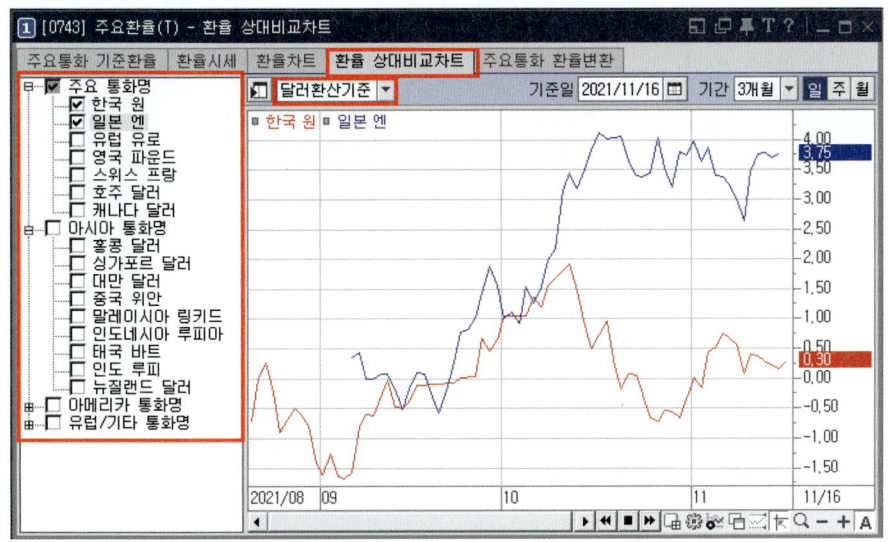

5) 주요 통화 환율변환

'주요 통화 환율변환'은 기준통화의 국가별 환전금액을 알아볼 수 있는 화면입니다. 그림에서 보는 바와 같이 미국달러 기준 100달러를 환전하면 서로 얼마의 다른 통화로 환전이 되는지를 알아보는 겁니다.

그림은 미국 100달러가 원화 11만 7,990원, 유로화 87.40유로로 환전이 되는 것을 보여줍니다.

07
MTS 주요 화면 소개

1) 메인 메뉴 화면

MTS의 전체 콘텐츠를 볼 수 있는 메인 메뉴 화면입니다. 여기서는 해외주식, 리서치, 해외선물옵션, FX마진 등 주요 기능을 한눈에 볼 수 있습니다.

제8장 / 해외주식투자 HTS 활용하기 **213**

2) 배당투자 관련 화면

① 배당순위

배당순위는 미국, 중국, 홍콩시장의 배당수익률 상위종목순으로 정렬된 화면입니다.

② BEST배당주

BEST배당주는 증권사에서 자체적으로 선정한 배당유망주 리스트를 제공하는 화면입니다.

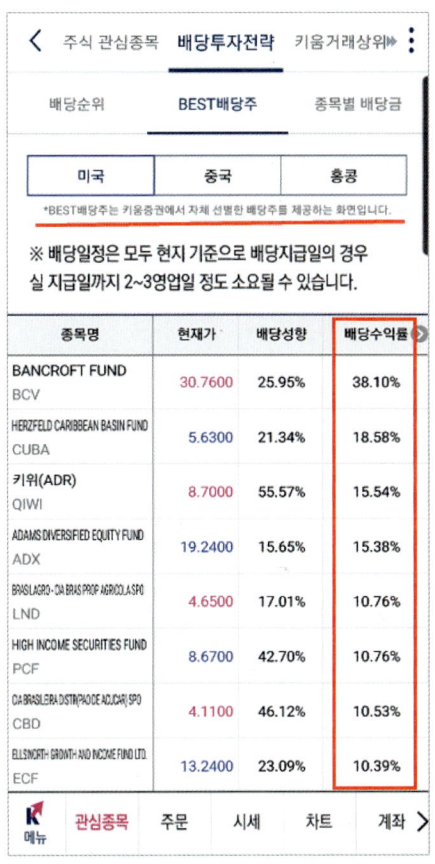

③ 종목별 배당금

종목별 배당금에서는 각 종목의 배당관련 일정과 배당수익률에 대한 정보가 있는 화면입니다.

제8장 / 해외주식투자 HTS 활용하기 **215**

3) 주식차트

MTS 주식차트는 종목차트, 업종/지수차트, 재무차트를 조회할 수 있는 화면입니다. 물론 일봉, 주봉, 월봉, 연봉을 필요에 따라 조회할 수 있습니다.

4) 리서치 자료

종목과 시황 분석자료를 볼 수 있는 화면인데, 키움증권에서는 자체에서 발간한 자료 원문을 볼 수 있는 서비스를 제공하고 있습니다.

5) 해외주식분석

해외주식분석에서는 종목개요, 재무분석, 재무순위, 투자의견 등을 볼 수 있습니다.

6) 뉴스와 경제지표

종합뉴스와 공시 그리고 매일 발표되는 경제지표를 검색해서 조회할 수 있는 화면입니다.

09 국제자본시장에서 돈은 어떻게 움직이나

안전자산이냐, 위험자산이냐?

1) 안전자산과 안전자산선호현상

(1) 안전자산은 무엇인가?

안전자산 Safety Asset 은 한마디로 위험이 없는 자산을 말합니다. 위험이란 여러 가지로 정의될 수 있지만 다음과 같은 두 가지를 중점적으로 생각하면 됩니다.

① **부도위험** Default Risk ┃ 부도위험은 채무불이행위험을 말하는데, 내가 돈을 맡기고 정해진 시기에 그 돈을 돌려받지 못할 위험이 부도위험입니다.

② **구매력위험** Purchasing-power Risk ┃ 구매력위험이란 물가가 상승했을 때 가치에 손실을 입는 위험을 말합니다. 예를 들어 현금으로 100만 원을 가지고 있는데 지금은 1만 원짜리 물건을 100개를 살 수 있지만, 물가가 올라서 물건 값이 2만 원이 되면 물건을 50개밖에 사지 못할 위험이 바로 구매력위험입니다.

이런 위험을 고려했을 때 안전자산이란 부도위험이 없고 구매력위험이 없는 자산을 말합니다. 과거로부터 수천 년 동안 가장 안전한 자산은 금^{Gold}이라는 인식이 있었지만, 1970년대 초 미국의 금태환정지 선언 이후에는 금보다는 미국의 달러화를 가장 안전한 자산으로 여기는 현상이 나타나고 있습니다. 그러나 미국 달러화를 가지고 있으면 이자가 발생하지 않기 때문에 미국정부가 발행한 미국국채가 가장 안전한 자산으로 평가되고 있습니다.

(2) 안전자산선호현상은 무엇인가?

안전자산선호현상$^{Flight\ to\ Quality\ 혹은\ Risk\ off}$은 금융시장에 참여하는 투자자들이 안전한 자산, 즉 미국국채나 금을 소유하려고 하는 현상을 말합니다. 일반적으로 안전자산을 선호하는 이유는 다음과 같습니다.

① **경제 상황이 극도로 부진한 경우** | 경제 상황이 극도로 부진해지면 어지간한 나라들은 적자에 허덕이게 되고, 자칫하면 외환위기를 겪을 수 있기 때문에 안전자산을 찾게 됩니다.

② **국제적으로 전쟁 위험이 높아지는 경우** | 전쟁이 벌어지면 산업시설이 파괴되고 인명피해도 많아져 생산이 제대로 이뤄지지 못하면서 경제적 파탄이 따라오기 때문에 안전자산을 찾게 됩니다.

③ **인플레이션이 심화되는 경우** | 인플레이션은 구매력에 영향을 미치게 됩니다. 국제결제의 중심이 되는 달러화나 금과 같은 자산은 구매력에 큰 손실이 나타나지 않지만, 달러를 제외한 기타 통화는 화폐가치 하락이 나타나므로 안전자산을 찾는 이유가 됩니다.

이 밖에도 안전자산을 선호하는 이유는 많이 있는데, 대체로 투자심리가 불안

해질 수 있는 상황이 되는 경우에 안전자산으로 돈이 움직인다고 보면 크게 틀리지 않습니다.

(3) 안전자산선호현상이 나타나면 시장은 어떻게 되는가?

금융시장에는 돈이 무한대로 존재하는 것이 아닙니다. 그래서 어느 자산으로 돈이 움직인다는 것은 다른 자산을 팔고 있다는 것과 같은 말이 됩니다. 즉 안전자산선호현상이 나타난다는 것은 위험자산을 팔고, 안전자산을 산다는 것과 같습니다.

안전자산선호현상이 나타나면 미국달러화나 미국국채, 금 가격은 상승하는 반면 위험자산의 가격은 떨어지게 됩니다. 그런데 조금 더 문제를 확장해서 보면 미국의 국채를 사기 위해 우리나라 주식을 팔면 미국달러화로 환전을 위해 우리 원화를 매도한다는 말이 됩니다. 그러면 우리나라 원화의 가치가 떨어지고 그와 함께 주식시장의 주가도 떨어지게 됩니다. 즉 원-달러 환율이 급등하게 됩니다.

우리나라를 예로 들었지만, 우리보다 경제규모가 훨씬 작은 나라의 경우 안전자산선호현상이 나타나면 자칫 외환위기에 빠질 수도 있다는 점을 알아야 합니다. 그래서 안전자산선호현상이 나타나면 위험자산의 가격이 떨어지고, 외환보유고가 충분치 않거나 경제규모가 작은 나라는 외환위기에 빠질 위험이 있습니다.

2) 위험자산과 위험자산선호현상

(1) 위험자산은 무엇인가?

위험자산 Risky Asset 은 안전자산을 제외한 모든 자산을 말합니다. 즉 부도위험이 존재하고 또 물가가 올랐을 경우 구매력 손실이 심하게 나타나는 자산을 말합니다.

위험자산은 상대적인 개념입니다. 그래서 위험자산에 대한 개념을 하나씩 확장시켜보면 다음과 같습니다.

❶ 국채에 비해서 주식은 위험자산입니다. 대표적인 위험자산은 주식이 될 겁니다. 미국정부가 발행한 채권은 미국정부가 지급을 보증하므로 안전자산이 되지만 주식은 회사의 실적과 관련되어 있기 때문에 언제든지 부도가 날 수 있습니다. 미국시장에 상장되어 있는 주식도 예외는 아닙니다.

❷ 경제력이 강한 나라의 주식시장에 비해 경제력이 약한 주식시장에 상장된 주식은 상대적으로 위험자산입니다.

❸ 같은 나라 주식시장 안에서도 실적이 좋은 기업이 발행한 주식에 비해, 실적이 좋지 않은 기업이 발행한 주식은 상대적으로 위험자산입니다.

(2) 위험자산선호현상은 무엇인가?

위험자산선호현상 Risk on 은 안전자산을 팔고, 위험자산을 사는 것을 말합니다. 즉 미국국채나 금을 팔고 주식시장으로 돈이 몰리는 것을 말하고, 또 미국시장에서 돈이 빠져나와 이머징 국가의 주식시장으로 돈이 움직이는 것을 말합니다. 국제금융시장에서 돈이 위험자산으로 몰리는 이유는 투자자들이 안정성보다 수익성이 높은 쪽으로 돈이 움직이기 때문입니다. 즉 고위험-고수익 High Risk-High Return 을 추구하는 과정에서 이 현상이 나타납니다.

(3) 위험자산선호현상은 언제 나타날까?

위험자산선호현상은 상대적으로 안정적인 금융환경이라든지, 국제사회가 갈등보다는 화해 분위기로 무르익을 때 나타납니다. 그 내용을 살펴보면 다음과 같습니다.

① **금융환경이 안정적인 경우** | 금융환경이 안정적이란 것은 금리도 낮은 상태이고 환율도 큰 변동이 없는 상태를 말합니다. 이럴 때는 안전자산에 비해 상대적으로 수익률이 높은 위험자산으로 돈이 몰려서 수익을 추구하는 현상이 나타납니다.

② 국제사회관계에서 화해분위기가 나타난다는 것은 전쟁의 위험이나 국가 간 갈등의 수위가 상당히 내려가 있는 경우를 말합니다. 이런 경우에도 위험자산에 대한 위험도가 낮아져서 상대적으로 가격이 오를 가능성이 크기 때문에 위험자산으로 돈이 몰립니다.

③ **국제유동성이 크게 증가하는 경우** | 유동성이란 즉시 현금화할 수 있는 자산을 말하는데, 일반적으로 통화량을 말하는 경우가 많습니다. 유동성이 크게 증가한다는 것은 중앙은행이 시중에 돈을 많이 푼다는 것과 같은 의미입니다. 유동성은 자산을 살 수 있는 대기자금이기 때문에 시중에 돈이 많아지면 안전자산을 넘어 위험자산으로도 투자할 수 있는 여력이 생겨 위험자산에 돈이 몰릴 수 있습니다.

이렇게 위험자산선호현상은 경제적인 위험, 정치적인 위험이 낮아질 때, 그리고 중앙은행이 돈을 많이 풀어놓을 때 나타나는 현상입니다.

돈이 움직인 흔적, 환율

1) 외환시장이란

외환시장은 서로 다른 통화를 거래하는 시장을 말합니다. 즉 한 나라의 통화를 다른 통화로 교환하는 시장을 말하는데 이때 통화 간의 교환비율을 환율이라고 합니다. 외환시장은 거래당사자에 따라 외국환은행과 고객(기업·개인·정부 등) 사이에 외환거래가 이루어지는 '대고객 시장customer market'과 외국환은행 간에 거래가 이루어지는 '은행 간 시장inter-bank market'으로 구분되는데, 일반적으로 외환시장이라 할 때에는 은행 간 시장을 말합니다.

2) 환율과 환율의 표시 방법

환이란 거리가 먼 격지 간 거래에서 결제수단으로 사용되는 것을 말하고, 외환이란 국경을 달리하는 경우에 결제수단으로 사용되는 겁니다. 그런데 국가 간에는 서로 다른 돈을 사용하는 까닭에 교환비율이 필요합니다. 따라서 환율이란 외국돈과 우리 돈의 교환비율을 뜻합니다.

환율은 국제자본시장에서 거래되는데 이때 환율의 표시 방법을 살펴보면 다음과 같습니다.

(1) 환율의 표시 방법

① 유럽식 표시법 European term 과 미국식 표시법 American term

- **유럽식 표시법** | 미국달러 1단위에 대하여 기타 통화로 가격을 표시

> 예) 1US$=1,300원

대부분의 국가에서 유럽식 표시법으로 환율을 표시합니다.

- **미국식 표시법** | 미국달러 이외의 기타 통화 1단위에 대하여 미국달러로 가격을 표시

> 예) 1원=0.0008US$

외환시장의 관행상 대부분의 국가에서 유럽식을 사용하지만, 영국파운드, 유로, 호주달러, 뉴질랜드달러 등은 미국식으로 표시한다는 점을 알아두면 유용합니다.

② 직접표시법(자국통화 표시법)과 간접표시법(해외통화 표시법)

- **직접표시법** | 외국통화 1단위에 대하여 자국통화로 가격을 표시

> 예) 미국 1US$=1,300원

- **간접표시법** | 자국통화 1단위에 대하여 외국통화로 가격을 표시

> 예) 한국 1원=0.0008US$

③ **통화가치의 상승과 하락 변동은 항상 상대적으로 움직이게 됩니다.**
- 1달러=1,300원에서 1,400원으로 환율이 상승하면 ⇒ 달러가치 상승 = 원화가치 하락
- 1달러=1,300원에서 1,200원으로 환율이 하락하면 ⇒ 달러가치 하락 = 원화가치 상승

환율은 국제외환시장에서 각국의 정치, 경제 사정 등에 따라 수시로 변동하는데 일반적으로 가치가 상승하는 통화를 강세통화라 하고 가치가 하락하는 통화를 약세통화라 부릅니다. 우리나라의 경우 자유변동환율제도를 채택하고 있어 어느 나라보다도 환율의 움직임에 주목해야 합니다. 그리고 국제자본시장에서 돈의 흐름은 대체로 강세통화국으로 흘러들어간다는 점을 기억해둘 필요가 있습니다.

3) 환율이 경제에 미치는 영향

(1) 환율이 국제무역에 미치는 영향(실물적 현상)
환율은 국가 간의 무역에서 상품가격에 결정적으로 영향을 미칩니다.

① 환율이 상승한 경우(원화가치 약세/달러가치 강세)
예를 들어 우리나라의 경우 기존의 1달러에 1,000원이던 환율이 1,500원으로 올랐다고 가정해보겠습니다. 환율의 상승은 통화가치가 약세를 보인 것이죠. 그러면 외국인의 입장에서는 과거에는 1달러를 주면 1,000원짜리 물건을 샀지만

이제는 1달러를 주면 1,500원짜리 물건을 살 수 있게 됩니다. 상대적으로 우리나라 값이 싸졌다는 의미입니다. 같은 물건을 싸게 살 수 있으니 우리나라 상품의 수출을 증가하게 됩니다.

반대로 우리나라 입장에서 외국 물건 값을 보면 우리나라 통화가 약세를 보이면 상대적으로 가격이 비싸져 수입이 감소하게 됩니다. 그래서 환율이 올라가면 무역수지가 개선된다고 합니다.

② 환율이 하락한 경우(원화가치 강세/달러가치 약세)

반대로 환율이 1달러에 1,000원에서 800원으로 떨어졌다고 가정해봅시다. 이때는 원화의 가치가 강세를 보인 건데요. 이렇게 되면 과거 1달러에 1,000원짜리를 살 수 있었던 것이 이제는 800원짜리밖에 살 수 없게 되어 상대적으로 우리나라 물건 값이 비싸지는 결과가 됩니다. 그러면 우리나라의 수출이 감소하게 됩니다.

반대로 우리나라 통화가 강세를 보이게 되면 외국 물건이 상대적으로 싸져 수입이 증가하게 됩니다. 그래서 환율이 떨어지게 되면 무역수지 흑자규모가 줄어들거나 적자로 변할 수 있게 됩니다.

이를 정리하면 다음과 같습니다.

환율 동향	수출	수입	결과
환율 상승 (원화 약세)	수출단가 하락으로 수출 증가	수입단가 상승으로 수입 감소	무역수지 흑자
환율 하락 (원화 강세)	수출단가 상승으로 수출 감소	수입단가 하락으로 수입 증가	무역수지 적자

(2) 환율이 국제금융시장에 미치는 영향(금융적 현상)

환율은 국제금융시장에서 통화의 가치를 변동시켜 돈이 강세통화국으로 흘러가게 합니다. 왜냐하면 통화도 하나의 상품이라고 봤을 때 통화의 가치가 상승하는 경우 그 통화를 매수해 가치가 더 상승한 이후에 팔면 환차익이 발생하기 때문입니다. 예를 들어 우리나라의 환율이 달러당 1,000원이었던 것이 800원으로 떨어진 경우를 생각해봅시다. 과거에는 1,000원을 줘야 1달러를 살 수 있었는데 이제는 800원만 주면 1달러를 살 수 있으니 200원의 이익이 생기게 되는 겁니다. 이런 이유로 원화가 강세를 보일 때 주식시장으로 외국인 매수자금이 물밀 듯이 밀려들어오는 경향이 있고, 반대로 환율이 올라가는 경우, 즉 원화가 약세를 보이는 경우에는 환차손을 우려한 외국인 투자가의 자금이 시장에서 썰물처럼 빠져나가는 것도 생각해볼 수 있습니다.

03
기축통화와 그 밖의 통화

1) 기축통화란 무엇인가?

(1) 기축통화는 무엇인가?

기축통화 Key Currency 는 국가 간의 결제나 금융거래의 기본이 되는 통화를 말합니다. 지금 국제적으로 거래의 기본이 되는 달러화를 생각하면 가장 좋은 예시가 될 겁니다. 기축통화라는 말은 1960년대 미국의 로버트 트리핀 교수가 주장한 용어입니다.

(2) 기축통화의 최대 장점은 화폐주조이익

많은 나라가 자국의 통화가 기축통화가 되기를 희망합니다. 그러나 누구나 기축통화의 지위에 오를 수는 없는 일입니다. 기축통화의 가장 큰 이점은 화폐주조이익이라고 하는 시뇨리지 효과 Seigniorage effect 를 누릴 수 있다는 점입니다. 예를 들어 설명하면 다음과 같습니다. 우리나라와 같이 기축통화국이 아닌 경우 외채를 갚기 위해서는 수출을 통해서 돈을 벌어 갚는다든지 국민으로부터 세금을 걷어서 갚아야 합니다. 혹은 과거 IMF 외환위기가 왔을 때 위기 극복을 위해 집집마다

금 모으기 운동을 했던 것처럼 어려운 과정을 거쳐서 외채를 갚아나갑니다. 그러나 기축통화국은 그러지 않아도 됩니다. 기축통화국은 외채를 갚을 때 그냥 돈을 찍어서 갚아주면 됩니다. 외채를 갚을 때뿐 아니라 국민이 소비를 해야 하는데 돈이 없으면 그냥 돈을 찍어서 나눠주면 되고, 경제를 살려야 하는데 돈이 없으면 그냥 돈을 찍어 은행에 대출자금으로 나눠주면 됩니다. 이게 바로 기축통화국이 누리는 화폐주조이익입니다.

그럼 이런 생각을 하는 사람도 있을 겁니다. '우리도 그냥 돈을 찍어서 외채를 갚으면 안 되나?' 우리는 불행하게도 그렇게 할 수 없습니다. 만약 우리가 돈을 마구 찍어내게 되면 외환위기가 올 수 있습니다. 통화량의 증가는 그 나라 통화가치를 떨어뜨리고, 통화가치의 하락은 외국인의 자본유출을 불러와 외환위기에 빠지는 일이 생깁니다. 이렇게 보면 기축통화국은 외환위기에 빠지지 않는다는 점도 알 수 있습니다.

(3) 기축통화의 조건

기축통화가 되기 위한 조건은 무엇이 있을까요?

❶ 막강한 최고의 군사력이 있어야 합니다.

기축통화국이 되기 위해서 필요한 첫 번째 조건은 바로 군사력입니다. 남들을 제압할 수 있는 능력이 필요한 것도 사실이지만 전쟁으로 국가의 존립에 문제가 없어야 합니다. 과거 영국은 최고의 군사대국으로 영국의 통화인 파운드화가 기축통화였습니다. 그러나 양차 세계대전을 거치면서 영국의 국력이 약해지고 미국의 국력이 상대적으로 강해지면서 파운드화의 시대가 저물고 달러화의 시대가 열렸습니다. 강력한 군사력을 바탕으로 한 국력이 기축통화를 뒷받침하는 좋은 예지요.

❷ **통화가치가 안정적이면서 고도로 발달한 외환시장과 금융시장을 갖추고 있어야 합니다.**

통화가치가 안정적이면서 고도로 발달한 외환시장과 금융시장이 있어야 하고, 기축통화를 이용해서 대외거래를 할 경우 규제도 없어야 합니다. 이렇게 강력한 금융 시스템이 있어야 원활하게 통화를 공급할 수 있게 됩니다. 누가 뭐라 해도 달러화는 미국의 통화입니다. 그러나 전 세계 대부분의 사람이 달러화를 가질 수 있다는 것은 그만큼 달러화의 공급이 원활하다는 겁니다. 그 바탕에는 고도로 발달한 금융 시스템이 있는 겁니다.

❸ **막대한 적자를 감당할 수 있는 능력이 있어야 합니다.**

이 문제는 곧바로 기축통화국의 단점으로 이어질 수 있습니다. 기축통화국이 모든 면에서 좋은 일만 있는 것은 아닙니다. 기축통화가 유지되기 위해서는 계속해서 유동성을 불어넣어줘야 합니다. 즉 지속적으로 달러를 공급해줘야 하는 것이죠. 그러다 보니 무역을 통해서 적자를 보고, 또 자본거래와 재정정책을 통해서 적자를 볼 수밖에 없는 구조가 됩니다. 즉 쌍둥이 적자(무역적자와 재정적자)를 동시에 감당해야 하는 부담을 갖게 됩니다. 지금 미국이 막대한 무역적자의 누적, 그리고 한도까지 차오른 재정적자를 해결하지 못하고 허덕거리는 모습이 바로 기축통화의 어두운 면이 될 수 있습니다. 쉽게 말해 미국은 자국민의 소비를 위해 달러를 찍어낸 대가를 치르고 있다고 보면 됩니다.

문제는 이런 것을 해결하기 위해 무역흑자를 유지하거나 재정흑자를 유지하면 달러화 공급이 부족해져 기축통화의 지위가 흔들리게 되고, 기축통화국 지위를 유지하기 위해 적자를 감당하게 되면 달러가치가 하락해서 달러화에 대한 신뢰도가 흔들리게 된다는 데 있습니다. 이런 것을 '트리핀의 딜레마' 또는 '트리핀의 역설'이라고 부릅니다. 화폐주조이익을 누리지만 쌍둥이 적자에 노출될 수밖에 없는 상황을 말하는 것이죠.

2) 준기축통화의 종류

기축통화는 아니지만, 기축통화의 기능을 보조적으로 수행하는 통화들이 있습니다. 지금 부동의 1위 통화는 미국의 달러화입니다. 하지만 부분적으로 일본의 엔화, 유로존의 유로화, 스위스의 프랑, 영국의 파운드화 정도가 준기축통화의 역할을 하고 있습니다. 그러나 결정적인 순간에 달러화와 같이 무제한으로 돈을 찍어내는 발권력은 발휘할 수 없습니다. 왜냐하면 미국이 화폐주조이익이라는 좋은 자리를 나누려고 하지 않기 때문입니다.

3) 약세통화국의 비애

약세통화국이란 기축통화국이나 준기축통화국 이외의 국가를 말합니다. 이들 국가는 언제든지 외환위기에 빠질 수 있는 위험을 품고 있습니다. 과거에 나타났던 사례를 통해서 약세통화국의 비애가 뭔지 알아보겠습니다.

(1) 테킬라 효과
① 테킬라 효과는 무엇인가?
테킬라 효과는 1994년 12월에 외환위기가 발생한 멕시코의 위기가 남미국가인 아르헨티나와 브라질 등으로 확산된 것을 의미합니다. 테킬라는 멕시코의 전통 술입니다. 용설란의 수액을 채취해서 만드는데 알코올 도수가 40도에 이릅니다. 우리나라에서도 테킬라는 잘 알려진 술이고 레몬과 소금을 겸해서 마시면 맛이 좋은 것으로 알려졌습니다. 그런데 알코올 도수가 높다 보니 주변 국가까지 그 술에 취한다는 의미입니다.

② 테킬라 효과는 이렇게 발생합니다.

1994년 경제사정이 좋지 않은 독일에서 금리를 올리지 않았는데 상대적으로 경기가 좋아진 미국에서 금리를 올리는 일이 벌어졌습니다. 이에 따라 미국과 독일 간의 이자율 차이를 얻기 위해 국제금융시장에서는 돈의 흐름이 미국으로 몰리는 일이 벌어졌습니다. 소위 달러 강세 현상이 벌어진 것이죠. 문제는 그 전까지는 경제가 비교적 좋았던 멕시코, 브라질, 아르헨티나 등으로 외국자본이 흘러들어갔었는데 달러가치가 급등하면서 상대적으로 위험자산인 멕시코에서 돈이 빠져나오는 바람에 멕시코에 외환위기가 닥쳤고 그 불똥이 브라질과 아르헨티나로 번져나갔습니다. 그러면서 남미국가들이 동시에 외환위기에 빠지는 일이 생겨났습니다.

③ 우리나라 IMF 외환위기도 테킬라 효과의 일종이었습니다.

핫머니가 활동하는 국제금융시장에서 경제력이 약한 나라는 언제든 외환위기, 즉 통화위기에 처할 수 있다는 점을 기억해야 합니다. 이와 비슷한 일이 1997년 아시아에서도 나타났습니다. 1997년 태국 중앙은행이 환율제도를 변동환율로 변경한 이후 태국이 외환위기에 빠졌습니다. 사실 1990년대에는 아시아의 네 마리 용이라 불리는 국가들이 있었습니다. 바로 한국, 대만, 홍콩, 싱가포르 등입니다. 그 밖에도 태국, 말레시아, 인도네시아 등도 주목을 받았던 나라입니다. 이들 국가는 당시 빠른 경제성장으로 전 세계에서 주목을 받았고 그만큼 외국인의 투자도 많았습니다.

아시아의 네 마리 용은 빠른 경제성장을 보였지만, 그 성장의 이면에는 질적인 안정성을 다지지 못하고 고정자산에 대한 중복투자 등 경제적인 버블(거품)이 있던 상태였습니다. 하지만 한번 시작된 성장을 스스로 멈추는 것은 힘든 일이었습니다. 그런 시기에 태국이 환율제도를 바꾼 겁니다. 변동환율제도는 통화당국이 관리하는 환율이 아니고, 시장에서 수요와 공급에 의해 환율이 결정되는 시스템입니다. 환율제도의 변화는 투기세력에 먹을거리를 제공하는 것과 같은 의미로 받아들여집니다. 그것을 촉발시킨 것이 바로 태국바트화에 대한 투기자본의 공격이었던 겁니다. 당시 투기자본은 바트화에 대한 매도공격을 해서 바트화를 폭락시켰습니다. 태국의 바트화가 폭락하자, 인도네시아의 루피아화도 폭락했고, 이후 말레이시아 링깃화와 필리핀 페소화의 폭락을 거쳐 우리나라까지 외환위기가 번지게 되었습니다. 특히 아시아에서 나타난 이런 현상은 국제투자자들이 아시아를 하나의 지역으로 간주해서 한 나라에서 경제위기가 발생하면 주변 다른 국가들에 대한 투자까지 거두어들이는 데 원인이 있는 것으로 분석됩니다.

사실 국제금융시장에서 투자자들은 투자대상국을 분류하는데요. 가장 큰 시장은 바로 미국시장입니다. 두 번째는 일본시장이고, 그다음이 유럽 각국의 시장, 그리고 지역별로 아시아시장, 남미시장, 아프리카시장 등으로 구분하죠. 미국, 일본, 유럽 등은 메이저시장이고 나머지는 이머징 시장 Emerging Market, 즉 신흥시장으로 분류해서 하나로 보는 것이 관행입니다.

투기자본은 약세통화국의 외환위기로 그 나라 경제를 망쳐놓고, 그 나라의 알짜 자산을 헐값에 매입하면서 큰 수익을 올릴 수 있습니다. 이런 현상이 되풀이되는 것이 약세통화국의 비애입니다.

(2) 그레이트 다이버전스
① 통화정책의 차이를 말하는 그레이트 다이버전스

그레이트 다이버전스 Great Divergence 는 크게 엇갈리게 움직인다는 뜻으로 미국과 다른 나라 사이에 통화정책의 방향이 달라지는 것을 뜻하는 단어입니다. 즉 미국은 금리를 인상하고 돈을 거둬들이는 정책을 쓰지만 유럽과 일본은 여전히 돈을 풀고 저금리를 유지하는 정책을 유지하면서, 정책의 차별이 일어난다는 것을 의미합니다.

여기서 간단히 용어를 먼저 정리하고 나가겠습니다. 흔히들 수렴과 확산이란 의미로 한곳으로 몰려드는 것을 컨버전스Convergence라고 부르고, 한곳에 몰려 있던 것이 서로 다른 곳으로 벌어지는 것을 다이버전스Divergence라 합니다. 세상만사가 뭉치고 흩어지고 하는 것이죠. 그래서 수렴과 확산은 반복적으로 나타납니다.

원래 그레이트 다이버전스는 1800년대 전후 영국이 산업혁명을 통해 공업을 발전시키면서 경제적으로 번성해갈 때 그 기술을 따라잡지 못한 중국과 인도 등 아시아의 국가들과 소득격차가 크게 벌어지면서 만들어진 용어입니다. 예전에는 아시아가 유럽에 비해 더 잘살고 문화적으로도 더 크게 발전한 지역이었습니다. 그때만 해도 세상이 지금처럼 빠르게 변하지 않았죠. 하지만 영국이 증기기관을 발명하고 이로부터 기계가 만들어지면서 세상은 빠르게 변화하게 되었습니다. 빠르게 발전한 영국 등 유럽과 느리게 움직이는 아시아는 차이가 급하게 벌어질 수밖에 없었고 그레이트 다이버전스는 이를 표현했던 겁니다.

② 통화정책의 변화와 그레이트 다이버전스

최근에 들어서 다시 그레이트 다이버전스가 나타난 것은 미국과 다른 나라 간에 통화정책의 차이를 보이면서입니다. 2008년 이후 미국과 유럽은 서로가 안고 있는 위기, 즉 미국은 기업과 국민이 가지고 있는 부채 문제를 해결하기 위해서, 유럽은 국가의 빚 문제를 해결하기 위해 금리를 내리고 돈을 무제한으로 풀기 시작했습니다. 그리고 10여 년이 지난 이후 상대적으로 위기를 빨리 극복해나가고 있는 미국은 돈 푸는 것을 멈추고 금리를 올리고, 풀어놓은 돈을 거둬들이는 통화정책으로 전환하고 있었습니다. 그런 과정에 코로나19 사태가 왔고, 또다시 전 세계 국가들은 경기가 후퇴하는 것을 막기 위해 막대한 재정자금을 풀었습니다. 그러나 통화정책은 반드시 정상으로 돌아와야 하는 법이죠.

이때 미국은 기축통화국의 화폐주조이익을 통해서 가장 빨리 경제를 회복하고, 또 발 빠르게 통화정책을 정상화하려고 합니다. 그래서 미국과 다른 나라들 간의 통화정책의 차이가 발생하게 되고 이에 따라 그레이트 다이버전스에 대한 관심이 높아지고 있습니다.

③ 그레이트 다이버전스의 사례

우리가 유심히 바라봐야 하는 것은 단순히 양쪽의 통화정책에 차이가 난다는 것을 이해하는 것이 아니고 미국이 금리를 올리는 과정에서 어떤 일이 벌어졌는가 하는 점입니다. 그레이트 다이버전스는 앞서 살펴본 사례와 같이 1994년 미국과 독일 사이에 어긋난 통화정책 이후 약 30년 만에 벌어지는 일로, 글로벌 금융시장에 혼란과 불안을 가중시킬 것이란 우려가 있기 때문입니다.

지금 예상해볼 수 있는 것은 미국이 금리를 올리고 통화정책을 정상화하는데 다른 나라에서 여전히 금리를 올리지 않고 통화를 풀고 있으면, 달러화는 엄청 강해지고 다른 나라 통화는 상대적으로 약해지는 모습을 나타낼 수 있습니다. 여기서 한 가지 기억해야 하는 것은 국제금융시장에서 돈의 움직임은 반드시 강세 통화국으로 움직인다는 겁니다. 즉 돈이 미국으로 블랙홀처럼 빨려 들어갈 가능성이 큽니다. 이런 것을 머니무브Money Move 라고 부릅니다. 이런 현상이 벌어지면 상대적으로 경제규모가 작은 나라들이 통화가치 하락, 즉 환율 급등 현상에 휩쓸릴 수 있습니다.

이런 현상보다 더 많은 위험이 약세통화국에 존재합니다. 그러나 그 결론은 한 곳으로 향하고 있지요. 바로 여차하면 외환위기에 빠질 수 있다는 것입니다. 기축통화국에 대한 투자, 그리고 비기축통화국에 대한 투자를 할 때 반드시 고려해야 하는 점이 있다는 것을 기억하세요.

04
국제기구의 주요 보고서

1) 경제협력개발기구 보고서

(1) 경제협력개발기구란?

경제협력개발기구 OECD; Organization for Economic Cooperation and Development 는 상호 정책 조정 및 정책 협력을 통해 회원국 간 경제사회 발전을 공동으로 모색하고 나아가 세계경제 문제에 공동으로 대처하기 위한 정부 간 정책연구 및 협력기구입니다. 제2차 세계대전으로 몰락한 유럽 경제의 회복을 위해 미국의 마셜플랜에 의해 1948년 발족한 유럽경제협력기구 OEEC 를 모태로, 개발도상국 원조 문제 등 새로운 세계정세에 적응하기 위해 1961년 9월 30일 파리에서 발족되었습니다.

OECD의 설립목적은
① 회원국의 경제성장과 금융안정을 촉진하고 세계경제 발전에 기여
② 개도국의 건전한 경제성장에 기여
③ 다자주의와 무차별주의에 입각한 세계무역의 확대에 기여하는 것입니다.

(2) OECD경제전망 보고서

OECD는 1년에 4번 경제전망 보고서를 발표합니다. 그중 6월과 11월에 세계경제전망 보고서를 발표하고, 3월과 9월에는 중간보고서를 발표합니다.

보고서에는 경제전망, 위험요소, 재정전망, 정책권고의 내용이 포함됩니다.

(3) OECD경제전망 보고서의 주요 항목

① 경제성장률

경제성장률은 실질 국내총생산(Real GDP; Real Gross Domestic Product)의 연간 증가율을 백분율로 나타낸 지표입니다. GDP는 한 나라 안의 모든 경제주체가 1년 동안 생산한 최종재의 시장가치를 모두 더한 값으로 한 국가의 전반적인 생산활동 수준과 경제규모를 나타냅니다. 특히 실질GDP는 물가수준의 변동을 제거하고 생산량의 변동만을 반영하도록 만든 지표로서 서로 다른 기간의 생산량을 비교하는 데 사용될 수 있습니다. 이러한 GDP의 증가율을 나타내는 경제성장률은 국가경제의 현재 경기 상황과 성장잠재력을 직접적으로 나타내는 지표라고 할 수 있습니다.

② 소비자물가상승률

소비자물가지수는 가구에서 일상생활을 영위하기 위해 구입하는 상품과 서비스의 가격변동을 측정하기 위해 작성되는 지수입니다. 또한 물가상승률은 국가의 거시경제 운영에 영향을 미치는 동시에 개인의 소득과 소비생활에도 영향을 줍니다. 급격한 물가상승은 화폐의 구매력을 떨어뜨리고 불확실성을 높여 경제활동을 위축시키기 때문에 관리가 필요합니다. 안정적 물가상승률은 여러 국가의 발전 경험에서 볼 때 국가의 지속적인 발전과 개인의 경제활동 유지에 필수요소입니다.

③ 재정수지

재정수지란 정부의 수입과 지출의 차이를 말합니다. 정부의 수입이 지출보다 많으면 재정수지는 흑자가 되고 반대의 경우 적자가 됩니다. 재정수지 적자가 누적되면 국가의 채무가 늘어나게 됩니다.

수입과 지출의 차이가 없거나 0에 가까울 때에는 균형재정을 이뤘다고 합니다. 계속되는 재정적자가 재정의 안정성을 위협하는 것은 분명하지만, 그렇다고 해서 정부가 매년 균형재정을 편성하는 것이 합리적이기만 한 것은 아닙니다.

경기가 침체를 보일 때는 경기부양을 위해 재정지출을 늘려 적자재정을 편성하는 것이 합리적이고, 반대로 국가채무가 지나치게 많다고 판단될 때에는 재정건전성이라고 해서 흑자재정 기조를 유지함으로써 재정안정성 회복을 도모하기도 합니다.

④ 국가채무비율

국가채무비율은 GDP 대비 국가채무 비율을 말합니다. 국가채무는 정부가 직접적인 상환의무를 부담하는 상환기간이 확정되어 있고 이자가 발생하는 정부의 빚인 순확정채무를 말합니다.

국가채무가 늘어나면 세입 가운데 이자로 지급되어야 하는 금액이 증가하기 때문에 필요에 따라 재정을 유연하게 편성하는 데에 제한이 가해지며 다음 세대를 위한 재정투자의 가능성 역시 제한을 받게 됩니다.

국가채무비율이 일정 수준을 넘어서게 되면 자본시장, 특히 국제자본시장에서 국가의 채무상환능력을 의심받아 국채발행을 통한 자금조달 비용이 높아지게 됩니다. 최악의 경우에는 채무상환불능상태에 빠지는 국가파산상태에 이를 수 있습니다. 국가파산상태를 피하기 위해서는 국제금융기구와 국제자본시장의 도움을 받아야 하는데 이럴 경우 가혹한 구조조정을 강요받게 되는 것이 보통입니다.

⑤ OECD경제전망 보고서의 정책권고

OECD경제전망 보고서는 앞에서 설명한 각종 항목을 추산하고 평가해서 정책권고를 합니다. 세계경제에 대한 정책권고는 물론이고 회원국 개별국가에 대한 정책권고도 포함됩니다. 예를 들어 2020년 6월에 나온 경제전망 보고서 내용 중 세계경제에 대한 정책권고사항을 요약해보면 다음과 같습니다.

- 방역·보건정책: 코로나19 재확산에 대응할 수 있도록 병상·검역·개인방역물품 등 방역·보건 인프라 확보가 최우선
- 통화금융정책: 코로나19가 재확산되지 않더라도 유동성 지원, 저금리 기조 및 대출공급 등 완화적 금융·통화정책 지속할 필요
  * 확장적 재정정책을 뒷받침하기 위한 중앙은행의 적극적 역할 필요성 강조
- 재정정책: 코로나19 재발 시 재정을 통한 추가적 부양책 필요, 재확산 없더라도 견고한 회복세를 위한 적극 기조 유지 권고
  * 다만 재정건전성 급격히 악화 전망, 재정의 지속가능성 확보를 위해 투자 우선순위 점검 권고

또한 우리나라에 대한 정책권고의 주요 내용을 살펴보면 다음과 같습니다.

정책권고: 경제활력 제고를 위한 추가적 조치 필요할 가능성, 그간의 상당한 재정지출 증가에도 불구, 재정 여력 보유 "Low government debt provides fiscal space, despite the already sizeable increase in public spending"

① 비교적 낮은 고용보험 보장성 감안 시 가계소득지원 필요
  * 전국민 대상 지원은 적기에 부담완화 가능한 반면, 저소득 가구에 초점을 맞춘 지원은 형평성 제고·소비가속화 동시 달성 가능
② 실직 후 재취업에 따른 노동력 재분배에 대비한 직업훈련 투자 확대를 통해 고용회복 가속화 가능
③ 위기 지속 시 중소기업 세정지원 연장 및 기업 구조조정 필요 가능성
④ 지속가능한 성장을 위해 재생에너지·청정기술 등 투자 확대 권고

OECD경제전망 보고서는 세계경제의 진단과 전망, 그리고 회원국 각국의 경

제진단과 전망, 정책권고까지 담고 있어 투자자라면 반드시 읽어야 할 보고서 중 하나입니다.

2) IMF 세계경제전망 보고서

(1) 국제통화기금

국제통화기금IMF; International Monetary Fund은 1944년 브레턴우즈협정에 따라 1945년 12월 설립되어 1947년 3월부터 국제부흥개발은행IBRD과 함께 업무를 개시한 국제금융기구입니다. 환율 및 국제결제 시스템의 안정성 확보를 주요 업무로 하는 국제기구로,

- ❶ 국제적인 통화 협력과 금융 안전성 확보
- ❷ 국가 간 무역의 확대
- ❸ 고용 및 지속가능한 경제성장의 촉진
- ❹ 전 세계 빈곤의 감소를 목표로 합니다.

IMF는 협정을 맺은 회원국이 출자하여 설치된 국제금융·결제기관으로, 환(換)이나 단기자금의 융통을 주 업무로 하며 회원국의 요청이 있을 때는 기술 및 금융 지원을 직접 제공합니다. 우리나라는 1955년에 가입하였습니다.

(2) IMF 세계경제전망 보고서

IMF는 정기적으로 매년 2회(4월, 10월) 세계경제전망 보고서WEO; World Economic Outlook Report를 발표하고, 변화된 경제 여건을 반영하여 7월과 차년도 1월에 수정세계경제전망World Economic Outlook Update을 발표합니다. 세계경제전망 보고서가 발간될 때마다 경제연구원들은 이 보고서를 심도 있게 검토합니다. 그 이유는 한국경제 성장률을 전망할 때 국제연합UN, OECD, 세계은행 등의 수치가 아니라 바로 IMF 세

계경제 성장률 전망치를 기초로 하기 때문입니다.

주요 내용은 경제진단과 경제전망으로, 세부항목은 불확실성 요인, 선진국 경제, 신흥국 경제, 경제전망위험을 포함하며 마지막으로 정책권고사항을 담고 있습니다.

보고서의 형식은 조금 다르지만 내용은 OECD의 보고서와 비슷한 사항을 싣고 있습니다.

플라자합의와 환율조작국 지정

1) 플라자합의의 진행과 결과

① 플라자합의란 무엇인가요?

플라자합의는 1985년 9월 22일 뉴욕에 있는 플라자호텔에서 G5(미국, 영국, 프랑스, 독일, 일본 등 5개국) 재무장관이 모여 달러 강세에 따른 미국의 불만을 잠재우기 위해 환율을 강제로 조정하기로 합의한 경제적인 사건을 말합니다. 즉 미국의 강압에 의해 울며 겨자 먹기로 외환시장에 개입하게 된 겁니다.

② 플라자합의는 왜 체결되었나요?

플라자합의를 이해하기 위해서 몇 가지 알아야 할 사항이 있습니다. 먼저 제2차 세계대전 이후의 경제 상황입니다. 미국은 양차 세계대전을 통해서 지구상 가장 강력한 경제력과 이를 바탕으로 한 군사대국으로 우뚝 올라섭니다. 미국의 기본적인 산업전략은 중후장대(重厚長大)입니다. 즉 무겁고 두껍고 길고 큰 것이 특징입니다. 그래서 자동차를 만들어도 크고 튼튼하게 만드는 겁니다. 아낌없이 자원을 쓸 수 있는 경제가 안겨준 풍요의 상징이죠.

그러나 독일과 일본은 전쟁의 패전국입니다. 제2차 세계대전이 끝나고 양국은 거의 폐허 수준이 되었습니다. 그럼에도 다른 정치적인 문제는 뒤로하고 독일은 소위 라인강의 기적이라고 불리는 경제발전의 기적을 보이면서 살아났습니다. 그리고 일본은 6.25전쟁이라 불리는 한국전쟁을 통해서 기적적으로 경제를 살리게 되었습니다. 일본 산업의 특징은 미국과 달리 경박단소(輕薄短小), 즉 가볍고 얇고 짧고 작은 것이 특징입니다. 뭐든 아기자기하게 만들어서 사람들의 마음을 빼앗는 전략을 쓴 것이죠. 예를 들어 큰 가방만 한 라디오와 주머니에 쏙 들어가는 라디오가 같은 성능을 보인다면 사람들은 뭘 선택할까요? 당연히 가지고 다니기 좋은 작은 물건에 더 관심이 많을 겁니다. 그래서 미국은 물론이고 국제사회에서 미국산 제품보다 일본산 제품을 더 많이 사용하게 되었고, 이런 과정을 거치면서 미국은 독일과 일본에 막대한 무역적자를 지게 됩니다.

미국은 자국이 지게 된 막대한 무역적자가 1970년대 두 차례에 걸쳐 벌어진 오일쇼크로 인한 스태그플레이션을 해결하기 위해 급하게 올린 금리로 달러 강세가 벌어졌기 때문이라고 주장했습니다. 즉 미국 금리가 높으니 금리 차이를 따 먹기 위해 미국으로 돈이 몰리면서 달러 강세가 나타났고, 이런 강달러 현상으로 무역적자가 발생했다고 주변국을 윽박지른 겁니다. 그리고 1985년 9월에 당시 세계 5대 강국인 G5 재무장관이 플라자호텔에 모여 미국의 요구에 따라 환율을 강제로 조정하기에 이른 겁니다.

③ **플라자합의로 어떤 일이 벌어졌나요?**
플라자합의를 체결할 당시 일본의 엔화 환율은 달러당 240엔 수준이었습니다. 그러나 플라자합의가 체결된 이후 일본의 엔화의 환율은 달러당 120엔 수준까지 내려갔습니다. 환율이 내렸다는 말은 미국달러화는 약세를, 일본엔화는 강세를 보였다는 뜻입니다. 일본엔화가 강세를 보였다는 것은 첫째, 수출시장에서 일본 물건의 가격이 올라 수출이 잘 되지 않게 되고, 미국 물건의 가격은 상대적으

로 내려 수출이 잘 되는 현상이 벌어지게 된 것이고 둘째, 반드시 기억해야 하는 것은 국제 금융시장을 떠도는 핫머니에 강세통화국으로 움직이는 특성이 있으므로 1985년 플라자합의 이후 국제금융시장에서 통화의 가치가 가장 강세를 보이게 된 일본으로 핫머니가 대부분 흘러들어가게 되었다는 점입니다.

일본은 이렇게 흘러들어온 막대한 외국자금으로 인해 씻을 수 없는 경제충격을 받게 되었으니 그 현상이 바로 버블붕괴입니다. 일본에서 넘쳐나는 유동성을 바탕으로 상업용 부동산 투기 열풍이 불었습니다. 한때 '일본의 수도인 도쿄의 부동산을 팔면 미국 전체를 살 수 있다'라는 말이 나올 정도로 일본의 부동산 거품은 극에 달했습니다. 그러나 그 상황은 오래가지 못했고 결국 버블붕괴가 나타나고 말았습니다. 일본은 플라자합의 이후 발생한 버블붕괴로 이후 '잃어버린 30년'이라 불릴 정도로 극심한 경기침체를 경험하고 있습니다.

사실 플라자합의로 인해 미국은 단기적으로는 이익을 봤을지 모르지만 산업구조가 일본에 미치지 못해 한동안 고생을 이어갔습니다. 그러다 IT산업에 붐이 불면서 완전히 미국 주도의 경제체제로 돌아가게 된 겁니다. 이 말은 플라자합의와 같은 강제적인 조치가 별로 효과가 없다는 겁니다. 그러나 21세기에 들어와서도 미국은 플라자합의 때와 같은 환상에서 벗어나지 못하고 있습니다. 바로 환율조작국지정제도를 들고 나온 겁니다.

④ 21세기 플라자합의 환율조작국 지정

미국에 무역흑자를 많이 보는 국가는 중국, 일본, 독일, 대만, 우리나라 등이 있습니다. 환율조작국 지정이란 이들을 대상으로 환율을 조작했는지 조사해서 무역에서 패널티를 주겠다는 겁니다. 미국은 매년 두 차례 환율조작 여부를 판단하는데 이는 과거 일본과 독일을 대상으로 했던 플라자합의와 그 궤를 같이합니다. 즉 자신의 막강한 힘을 바탕으로 다른 나라들이 이익을 보지 못하게 하겠다는 것이죠. 그러나 국제적인 정치와 경제환경이 이를 못하게 할 수 없는 상황이다 보니 모두가 환율조작국에 지정되지 않기 위해 숨을 죽인 채 바라보고 있는 상황입니다.

　미국이 주도하는 힘에 의한 질서가 재편되지 않는 한 이런 현상은 되풀이될 가능성이 매우 높습니다. 왜냐하면 미국은 세계 최대의 소비국가이고 누군가는 미국에 물건을 팔면서 무역흑자를 볼 수밖에 없기 때문입니다.

2) 환율보고서를 통한 환율조작국 지정

① 환율조작국이란 무엇을 말하나요?

환율조작이란 자기 나라의 수출이 잘 되도록 정부가 인위적으로 외환시장에 개입해서 자국통화의 가치를 떨어뜨리는 일, 즉 환율을 올리는 일을 일삼는 것을 말하고, 미국은 이런 나라를 환율조작국으로 지정해 무역에서 재제를 가할 수 있도록 만들어놓았습니다. 미국은 1년에 4월과 10월 두 차례에 걸쳐 환율보고서를 통해서 환율조작국 지정여부를 발표하고 있습니다.

② 환율조작국은 왜 지정하게 되었나요?

미국이 환율조작국을 들고 나온 배경에는 경제적으로 엄청난 성장을 하고 있는 중국이 있습니다. 중국은 1980년대와 1990년대를 지나면서 세계의 공장 역할을 해오고 있습니다. 중국은 공식적으로 발표되고 있는 인구만도 14억 명이 넘는 엄청난 노동력을 가지고 있는 나라입니다. 그리고 미국은 신자유주의를 주장하면서 경제의 세계화를 추진했고, 그 덕분에 미국에 있는 기업들은 임금이 싼 중국으로 대거 공장을 옮겨 원가가 싼 제품을 마구 만들어서 미국으로 다시 역수입했습니다. 그러다 보니 미국은 중국에 엄청난 무역적자를 보게 되었습니다.

그럼 중국은 미국에 수출해서 번 돈으로 뭘 했을까요? 미국으로부터 엄청난 무역흑자를 본 중국은 그 돈으로 미국의 국채를 사들였습니다. 중국의 외환보유고가 자그마치 3조 달러가 넘는데 그중 상당 부분이 바로 미국의 국채입니다. 그러니 중국이 미국의 목숨 줄을 꽤 잡고 있다고 볼 수 있는 것이죠.

그리고 중국의 위안화는 공식적으로 복수통화바스켓제도로 환율을 운영하고 있습니다. 이 말은 미국의 달러화를 비롯해서 여러 통화의 가치를 평균 내서 그 가치에 위안화를 연동시키고 있다는 겁니다. 그럼 그 전에는 어떻게 했을까요? 중국은 얼마 전까지 미국의 달러화에 위안화 가치를 연동시킨 달러페그제도를 운용하고 있었습니다. 이는 미국달러와 중국위안화를 1대1로 고정시키는 제도입니다. 즉 달러의 가치가 강해지면 위안화의 가치도 강해지고, 달러화의 가치가 약해지면 위안화의 가치도 약해지도록 만든 것이죠. 그러니 무역에서 중국이 위안화 가치를 일부러 약세로 만들어서 수출을 늘렸다는 것은 어찌 보면 미국의 억지주장이라고 볼 수도 있습니다. 지금도 중국은 복수통화페그제도를 운영한다고 하지만 어떤 통화를 가지고 만들고 있는지 또 그중에서 달러화의 비중을 얼마로 하고 있는지는 거의 알려져 있지 않습니다.

③ 환율조작국은 어떤 기준으로 지정되나요?

환율조작국이란 용어는 1988년 미국의 종합무역법이 제정되면서 사용되었습니다. 종합무역법에 따르면 대미 무역수지 흑자국, 경상수지 흑자국 중 환율조작 혐의가 있는 국가를 환율조작국으로 지정할 수 있는데, 이 법에 따라 한국은 1988년부터 1990년까지 환율조작국으로 지정되었습니다. 이후 2015년에는 교역촉진법이 제정되었습니다. 이 법에 따르면 환율조작국은 다음과 같은 세 가지 조건에 들어맞으면 지정됩니다.

- 대미 무역흑자 200억 달러 초과

- 국내총생산GDP 대비 경상흑자 비율 3% 초과
- 지속적인 일방향 시장 개입(연간 GDP 대비 2% 초과 달러 순매수)

결국 환율을 인위적으로 움직여서 미국으로부터 막대한 흑자를 보게 되면 환율조작국으로 지정되고, 환율조작국으로 지정되면 미국정부의 개발자금 지원과 공공입찰에서 배제되고 국제통화기금인 IMF의 감시를 받게 된다는 것이죠. 그리고 그중 두 가지 요건만 충족되면 관찰대상국으로 분류됩니다.

3) 환율보고서 작성과 금융시장

① 환율보고서의 작성

미국은 매년 4월과 10월에 환율보고서를 통해 환율조작국에 대한 조사보고를 발표합니다. 환율보고서가 나올 때쯤이면 관련 국가들은 환율조작국 지정여부에 촉각을 세웁니다.

② 환율보고서를 작성하는 속내

미국의 환율조작국 지정은 다분히 상대국을 견제하기 위한 장치입니다. 환율조작국으로 지정하고 말고는 미국의 자의적인 결정에 따라서 일방적으로 이루어질 수 있는 것이죠. 최근에 환율조작국으로 지정하겠다고 으름장을 놓고 있는 나라는 중국, 일본, 대만, 독일 그리고 우리나라 등이 있습니다. 사실은 중국을 겨냥한 것인데 문제는 중국이 함부로 건들 수 있는 나라가 아니라는 점입니다. 그래서 우리가 영문도 모른 채 환율조작국으로 지정될 가능성이 언제든 있다는 점에서 불안해지는 겁니다.

세계경제의 움직임은 정치논리로 움직이고 그 정치논리는 바로 힘에 의해 좌우됩니다. 우리가 강대국의 눈치를 볼 수밖에 없는 것은 그만큼 우리의 힘이 강하지 못하기 때문입니다. 그렇다고 약자가 매번 어려움을 당하면서 살아야 하는 것은 아닙니다. 상대가 필요로 하는 것과 우리가 줄 수 있는 것을 가지고 균형적인 외교를 하면 살아남을 수 있습니다. 현재 우리는 미국과 중국 사이에 낀 모습입니다. 어느 한쪽으로 기울지 않은 균형적인 외교가 우리 경제를 보호하는 무기가 될 수 있다는 것을 알고 국제경제의 움직임을 파악할 필요가 있습니다.

해외투자를 하기 위해서는 앞서 살펴본 내용 이외에도 다양한 정보를 수집하고 분석해야 합니다. 그만큼 어려운 작업이죠. 그러나 해외투자는 어렵지만 글로벌 포트폴리오 구성을 통해 그로부터 얻을 수 있는 이익이 많다는 점도 기억해야 합니다.